和谐校园文化建设读书

从点滴做起的 18个启示

李迎春/编著

吉林出版集团股份有限公司

吉林教育出版社

图书在版编目(CIP)数据

从点滴做起的18个启示 / 李迎春编著. — 长春：
吉林教育出版社，2012.6（2023.2重印）
（和谐校园文化建设读本）
ISBN 978 - 7 - 5383 - 8963 - 0

Ⅰ．①从… Ⅱ．①李… Ⅲ．①素质教育－青年读物②
素质教育－少年读物 Ⅳ.①G40－012

中国版本图书馆 CIP 数据核字（2012）第 116067 号

从点滴做起的18个启示
CONG DIANDI ZUO QI DE 18 GE QISHI

李迎春　编著

策划编辑	刘 军　潘宏竹	
责任编辑	张 瑜	**装帧设计** 王洪义
出版	吉林出版集团股份有限公司（长春市福祉大路5788号　邮编　130118）	
	吉林教育出版社（长春市同志街 1991 号　邮编　130021）	
发行	吉林教育出版社	
印刷	北京一鑫印务有限责任公司	
开本	710 毫米×1000 毫米　1/16　　**印张** 13　　**字数** 165 千字	
版次	2012 年 6 月第 1 版　　**印次** 2023 年 2 月第 2 次印刷	
书号	ISBN 978 - 7 - 5383 - 8963 - 0	
定价	39.80 元	

编　委　会

主　　编：王世斌

执行主编：王保华

编委会成员：尹英俊　尹曾花　付晓霞

刘　军　刘桂琴　刘　静

张　瑜　庞　博　姜　磊

潘宏竹

（按姓氏笔画排序）

总 序

千秋基业，教育为本；源浚流畅，本固枝荣。

什么是校园文化？所谓"文化"是人类所创造的精神财富的总和，如文学、艺术、教育、科学等。而"校园文化"是人类所创造的一切精神财富在校园中的集中体现。"和谐校园文化建设"，贵在和谐，重在建设。

建设和谐的校园文化，就是要改变僵化死板的教学模式，要引导学生走出教室，走进自然，了解社会，感悟人生，逐步读懂人生、自然、社会这三本大书。

深化教育改革，加快教育发展，构建和谐校园文化，"路漫漫其修远兮"，奋斗正未有穷期。和谐校园文化建设的研究课题重大，意义重要，内涵丰富，是教育工作的一个永恒主题。和谐校园文化建设的实施方向正确，重点突出，是教育思想的根本转变和教育运行机制的全面更新。

我们出版的这套《和谐校园文化建设读本》，既有理论上的阐释，又有实践中的总结；既有学科领域的有益探索，又有教学管理方面的经验提炼；既有声情并茂的童年感悟；又有惟妙惟肖的机智幽默；既有古代哲人的至理名言，又有现代大师的谆谆教诲；既有自然科学各个领域的有趣知识；又有社会科学各个方面的启迪与感悟。笔触所及，涵盖了家庭教育、学校教育和社会教育的各个侧面以及教育教学工作的各个环节，全书立意深邃，观念新异，内容翔实，切合实际。

我们深信：广大中小学师生经过不平凡的奋斗历程，必将沐浴着时代的春风，吸吮着改革的甘露，认真地总结过去，正确地审视现在，科学地规划未来，以崭新的姿态向和谐校园文化建设的更高目标迈进。

让和谐校园文化之花灿然怒放！

本书编委会

目 录

第一章

提示

微笑是一束阳光

一个人保持乐观的心态是很重要的,因为乐观的人心里总是充满阳光。当他与别人接触的时候,他心里的阳光就自然会化作脸上的微笑或幽默的话语,这样就很容易感染别人,使别人感到快乐。这样,人与人的相处就会变得轻松、和谐、融洽!

卡耐基微笑的力量

佚　名

美国钢铁大王卡耐基曾有过这样一次经历：

在一次盛大的宴会上，一位平时对卡耐基很有意见的商人，在别人面前高谈阔论，说了卡耐基许多坏话，他并不知道卡耐基也出席了这次宴会。

当时卡耐基正站在人群中听他高谈阔论，这使得宴会的主人十分尴尬，不知如何是好。而卡耐基却安详地站着，脸上挂着微笑，就好像什么也没听到的样子。当那位说卡耐基坏话的商人发现他就在旁边时，感到非常难堪，正想从人群中钻出去，卡耐基仍然脸上带着笑容，走上前去亲热地跟他握手，好像碰到了自己的一个老朋友一样。

就这样，那位商人后来成了卡耐基的好朋友。

阳光悟语

微笑是心情愉快的表现。微笑的力量在于能够使双方拉近距离，弥合缝隙，增加信任。相逢一笑泯恩仇，敌人也能变为朋友。所以，让我们学会微笑吧！你的微笑能使别人更容易接近你、信任你。微笑是打开别人心灵的万能钥匙。

守护一脸笑容

佚　名

古河是个穷孩子，小时候帮人做豆腐。他做事一向是尽心尽力，又总是充满信心，所以做的事情也很多。主人无论什么时候看到他，他都是一副信心十足、笑容满面的样子，所以主人把看他做事当成是一件愉快的事。古河长大以后，不再做豆腐了，被放债的人雇去催收钱款。

古河靠着他的笑容，把收款的事情做得很出色，多么难收的款他都能收回来。有一次,古河到一个借债的人那里要钱,这笔债早就应该还了,可是借债的硬是拖了又拖。这一次,一看来了个讨债的,那个借债的人脸色立刻由晴转阴,对古河一脸冰霜,不理不睬。他把古河一个人晾在那里,自己走了,古河只好一直等着。直到晚上睡觉的时候,他也没搭理古河,索性关了灯,睡觉去了,让古河一个人摸黑枯坐。古河晚饭也没吃,又冷又饿,但他就是不生气,还是那么静静地坐着,一直坐到天亮。第二天早晨,那个借债的人看到古河仍然坐着,脸上仍然挂着笑容,没有一点儿生气的样子,着实被感动了,恭恭敬敬地把钱还给了古河。

古河的随和、耐心和不变的笑容,显示了一种心理的力量、意志的力量、信心的力量。两年后,古河买了一座废弃的铜矿,后来他成为日本的矿业大王。

人们这样评论古河的成功:"守候着信心与笑容,一切都变得有利起来。"

阳光悟语

微笑和忍耐是人生的两种境界,它们并不等于软弱可欺,而是一种修养,是在经历了暴风雨的洗礼后,自然生成的一种涵养。它使人处事沉稳,面临厄运泰然自若,面对毁誉不卑不亢;它拉近了人与人之间心的距离;它使人以坚强的心志和从容的步履走过岁月,走过人生。

心态决定世界

佚 名

老人静静地坐在一个小镇郊外的马路边。

一位陌生人开车来到这个小镇,看到了老人,停下车打开车门,向老人问道:"老先生,请问这个城镇叫什么名字? 住在这里的人是什么样的人? 我正在寻找新的居住地!"

老人抬头看了一眼陌生人,回答说:"你能告诉我,你原来居住的那个镇上的人是什么样的吗?"

陌生人说："他们都是一些毫无礼貌、自私自利的人。住在那里简直让人无法忍受,毫无快乐可言。这正是我想搬离那里的原因。"

听了这话后,老人说："先生,恐怕你又要失望了,这个镇上的人和他们完全一样。"陌生人怏怏地开车离开了。

过了一段时间,另外一位陌生人也来到这个镇上,向老人提出了同样的问题:"住在这里的是什么样的人?"

老人也用同样的问题来反问他:"你原来居住的那个镇上的人怎么样?"

陌生人回答:"哦!住在那里的人非常友好,非常善良。我和家人在那里度过了一段美好的时光,但是,我因为职业的原因不得不离开那里,希望能找到一个和以前一样好的小镇。"

老人说:"你很幸运,年轻人。居住在这里的人都是跟你们那里完全一样的人,你将会喜欢他们,他们也会喜欢你的。"

同样是要来小镇居住的人,为什么老人对他们会有截然不同的回答呢?因为他们的心态不同。如果一个人的心态是积极的,那么他的世界也会是美好的。

在这个世界上,没有永远的朋友,也没有永远的敌人,有的是平等、尊重、互爱和包容。态度决定结果。无论情况好与坏,都要抱着积极的态度去面对,千万不能用自私取代热情。

别让心情全部变坏

佚 名

一个名叫安杰森的丹麦大学生独自到美国旅行,他的第一站是首都华盛顿。他在酒店住下后,预付了住宿费。他的上衣口袋放着到芝加哥的机票,裤袋里的钱包里装有护照和现金。然而,当他准备睡觉时,却发现钱包不翼而飞了,于是他立刻下楼告诉了酒店的经理。

"我们会尽力寻找的。"经理说。

第二天早上，安杰森的钱包仍然不见踪影。他只身在异乡，感到束手无策。打电话向芝加哥的朋友求援，到丹麦使馆报告遗失护照，还是呆坐在警察局里等消息？

突然，他告诉自己："我要看看华盛顿。我可能没有机会再来了，今天非常宝贵。毕竟，我还有今天晚上到芝加哥的机票，还有很多时间处理钱和护照的问题。我可以徒步进行游览，我还是我，和昨天丢掉钱包之前并没有什么两样。来到美国，我应该快乐起来，享受在这个大都市的一天，不能把时间浪费在丢失钱包的不愉快之中，不能让心情全部变坏。"

于是他开始徒步旅游，参观了白宫和博物馆，爬上了华盛顿纪念碑。虽然有许多想看的地方没看到，但所到之处，他都尽情游览了一番。

回到丹麦之后，他说美国之行最难忘的就是徒步畅游华盛顿，这让他知道把握现在最重要。

5天后，华盛顿警局找到了安杰森的钱包和护照，并寄给了他。

幸福真的很简单。静下心来想一想，活着本身就是幸福。人贵在有一颗平常心，在失意的时候，换个角度看人生，你会觉得其实自己也很富有！

诙谐幽默造就成功

佚　名

海德大酒店招聘大堂经理。经过层层选拔，张小红进入了面试。与其他四位进入面试的男士相比，张小红无论是学历上，还是相貌上，都不占优势，他是最不被看好的一位。

在走廊里，面试室前的椅子上，目送前面四位男士兴冲冲地进去，又垂头丧气地出来，张小红紧张得手心都出了汗。

"张小红女士，请进！"门开了，一个脑袋伸出来喊道。

或许是由于太紧张，也许是地面太滑，张小红刚一进屋，便摔了跟头。众评委一阵哄笑，其中一位评委笑着说："小伙子，你怎么连路也走不稳？"张小红从地上爬起后，不慌不忙地向评委们鞠了一躬，说："参加这次应聘之前，父亲就告诉我，通向成功的路总是坎坷不平的，劝我三思后再跳槽。没想到他老人家的话真灵验：通向成功的路，果然是曲折的。"

众评委的哄笑，全都化作了掌声，他们向张小红投去赞许的目光。

"张小红先生，很不好意思，我们'望文生义'，把你当作了一位女士，你不介意吧！"一位评委说。

"一点也不介意，各位评委老师把我当作女士，我很高兴。"众评委面面相觑。"女士优先，是国人的优良传统。我也希望各位评委能让我沾点女士的光，让我优先晋级！"

众评委的掌声再次响起。

"小伙子，恭喜你被录用了！"总经理向张小红伸出了手。

荣升为大堂经理的张小红，后来得知，"望文生义"是评委的刻意安排，目的是考查他的应变能力和承受力。至于摔跟头嘛，纯属意外。

就这样，张小红凭着"能言善语"，竞聘上了大堂经理的位子。

阳光悟语

生活中难免有各种坎坷，只要我们常怀乐观向上的态度，身处尴尬时不妨来点幽默，或许不仅能帮助我们脱离困境，还能取得意想不到的效果。

始终乐观的苏格拉底

佚　名

古希腊著名哲学家苏格拉底还是单身汉的时候，和几个朋友一起住在一间只有七八平方米的小屋里。尽管生活非常不便，但是，他一天到晚总是乐呵呵的。

有人问他:"那么多人挤在一起,连转个身都困难,有什么可乐的?"

苏格拉底说:"朋友们在一块儿,随时都可以交换思想、交流感情,这难道不是很值得高兴的事儿吗?"

过了一段时间,朋友们相继成家了,先后搬了出去。屋里只剩下了苏格拉底一个人,但是他每天仍然很快活。

那人又问:"你一个人孤孤单单的,有什么好高兴的?"

"我有很多书啊!一本书就是一个老师。和这么多老师在一起,时时刻刻都可以向它们请教,这怎能不令人高兴呢?"

几年后,苏格拉底也成了家,搬进了一栋大楼里。这栋大楼有七层,他的家在最底层。底层在这座楼里环境是最差的,住在上面的人老是往下面泼污水,丢死老鼠、破鞋子、臭袜子和其他一些脏东西。那人见苏格拉底还是一副自得其乐的样子,好奇地问:"你住这样的房子,也感到高兴吗?"

"是呀!你不知道住一楼有多少好处啊!比如:进门就是家,不用爬很高的楼梯;搬东西方便,不必花很大的力气;朋友来访容易,用不着一层楼一层楼地去叩门询问……特别让我满意的是,可以在空地上养一丛一丛的花儿,种一畦一畦的菜。这些乐趣呀,数之不尽啊!"苏格拉底情不自禁地说。

过了一年,苏格拉底把底层的房间让给了一位朋友,这位朋友家有一个偏瘫的老人,老人上下楼很不方便。苏格拉底搬到了楼房的最高层——第七层,可是他每天仍是快快乐乐的。

那人又故意问他:"先生,住在七层是不是也有许多好处呀?"

苏格拉底说:"是啊,好处可真不少呢!仅举几例吧:每天走楼梯上下几次,这是很好的锻炼机会,有利于身体健康;光线好,看书写文章不伤眼睛;没有人在头顶干扰,白天黑夜都非常安静。"

后来,那人遇到苏格拉底的学生柏拉图,问道:"你的老师总是那么快快乐乐的。可我却感到,他每次所处的环境并不那么好呀!"

柏拉图说:"决定一个人心情的,不在于环境,而在于心境。"

阳光悟语

只要留心,生活中处处充满阳光,处处充满快乐。当然,那些总是对现实环境不满、怨天尤人的人,是无法发现这些快乐的。快乐是一种心境。自己的心快乐了,就能给别人也带来快乐。

快乐的真谛

佚 名

一天早上,母亲把3个未成年的儿子叫到身边,分别给他们1块钱,希望这些钱能够帮助他们过得快乐。母亲还要求孩子们在天黑以前都必须讲讲自己的快乐故事。3个儿子答应了,于是他们各自去寻找快乐。

不一会儿,大儿子捧着两只蝈蝈回来了,每只蝈蝈都待在用竹篾编成的小笼子里,清脆地叫着。妈妈问:"怎么这么快就回来了?讲讲你的快乐吧。"儿子说:"我一出门,看到一个乡下人在卖蝈蝈,5毛钱一只,我用1块钱买了两只。听蝈蝈唱歌蛮有趣的。"母亲点点头。大儿子刚说完,二儿子也回来了,他两手端着一只小瓷罐。按照约定,他给妈妈讲述道:"我往集市那边走,看到有一群人在斗蟋蟀,我就在一旁看。最后,一只大红蟋蟀把所有的蟋蟀都打败了。我好说歹说才从摊主手里买下它来。"说着他掀开盖儿,让大家瞧。果然大红蟋蟀神采飞扬,活蹦乱跳的样子着实惹人喜爱。妈妈看了也很满意,点头微笑。

临近中午,大儿子听蝈蝈叫的兴致渐渐衰退,二儿子逗蟋蟀也觉得乏味了,可小儿子还没有回来。日薄西山了,还是不见他的踪影。当夜幕降临、万家灯火的时候,他才气喘吁吁地走进家门。他满脸的汗水,浑身的污垢,简直成了一个泥人。

"你怎么会如此狼狈?我的孩子。"母亲关切地问。

"嗨,这一整天简直是倒霉透了。"小儿子便对母亲诉说他的倒霉事情，"我用您给我的钱租了一根鱼竿，买了一些鱼饵，要去郊外的湖边钓鱼……"

"我不记得你会钓鱼呀?"母亲说。

"是的，我不会。所以我想利用这个机会学会钓鱼。"

"学会了吗?"

"没有。我拴好鱼饵，下好鱼竿，可我总是把握不准起竿的时机，每次起竿不是早了就是晚了。好几次，我提起竿一看，鱼饵都被吃光了，该死的鱼却逃跑了。最后一次我把鱼饵全部放上去，要钓一条大鱼。这下子倒真的钓着了一条大鱼，可惜我拽不动它，结果我被拉下了水，大鱼把鱼竿也拖到湖中央去了。"说到这里的时候，两个哥哥都哈哈大笑起来。

"鱼竿可是租的，你怎么办呢?"

"是呀，我打算下水捉鱼，弄几条大鱼给鱼竿的主人，或许他一高兴就不让我赔钱了。"

"捉住了吗?"

"摸着不少，可一条也没有捉住。那些鱼都很狡猾，我的手刚触到它们的鳞片，它们就像精灵一样溜掉了。"

"我猜想，你肯定在浅水里摔过很多跟头。"

"可不是，一尺多长的大鱼在水面掀起浪花，很有冲劲呢。我有好几次被它们掀倒。"

"给我讲讲你跟鱼竿主人交涉的情况吧。"

"我跟他说了真实的情况并请他原谅。可他最后还是让我做了 4 个小时的工，才算了结。"

"人家还对你优惠了呢!"这时候母亲也忍不住笑了。

"可不是。他说再遇到这种情况，就不仅仅是扫地、倒垃圾、整理货架，还要……"

"肯定是这样，这很公平。不过现在让我关心一下你们兄弟的快乐故事吧——哥哥们用钱去买快乐，但你们买到的是玩物，不是快乐，你们几乎没有什么过程可以回味；弟弟虽然一无所获，但快乐的过程却回味无穷。孩子们，请记住，快乐是不能购买的，快乐不是玩物，而是丰富的人生体验。"

　　快乐的真谛是经历，而不是获得；快乐的真谛是过程，而不是结果。过分关注目的地，你就有可能错过了沿途的风景；过分计较于将来的成就，你就有可能忽视今天的快乐。乘坐缆车到达山顶和自己徒步攀登上山顶的感觉是不同的，因为最值得珍惜的是对过程的享受，而不是对结果的享受。

第二章

自信是生命的力量

人必须始终相信自己就是一道亮丽的风景线。相信自己，才能在挫折和困境中立于不败之地；相信自己，才能从失败的泥淖中走向成功的坦途；相信自己，才能坚持自己所追求的理想，找准自己的人生方向；相信自己，才会让自己变得更加美丽。

王小丫从容面对失误

佚　名

著名电视节目主持人王小丫有过这样一次经历：

在一场全国性的律师辩论大赛中，王小丫前去采访一位著名的大律师。走到他跟前，王小丫很自然地坐了下去，没想到椅子没放好，"噌"的一下，她一屁股坐到了地上，全场哄堂大笑。

最可恶的是她要采访的那位大律师居然不伸出手去扶她一把，反而在她的旁边哈哈大笑，还笑得最响。当时，王小丫真的很尴尬。但没办法，自己摔倒就要自己爬起来。她调侃着说："我摔得太不漂亮了，下次摔跤我一定要注意姿势。"接着，她就若无其事地笑着，开始了采访。

事后，王小丫告诉大家："自信，有时需要学会自我解嘲。"其实，王小丫的自嘲恰恰表现了她的自信。

尴尬时刻的自我解嘲，需要极大的自信和智慧。只有对自己的魅力深信不疑的人，才能如此从容镇定，在自己和观众的笑声中自信地重新开始。试想，如果没有自信，王小丫哪里敢自我调侃，又怎能若无其事地开始采访呢？也许她早该恼羞成怒或者脸红脖子粗了！所以当我们面对尴尬时不妨学学王小丫，以自信为后盾，谈笑间尽显自信本色。

你也是富翁

汝荣兴

这是个一天到晚都在唉声叹气的年轻人，因为他感到自己太贫穷了——看上去他确实是够贫穷的：他不仅还没有自己的房子，甚至连工作都还没找着。"唉，我要是个富翁，那该有多好啊！"他几乎天天都在这么感叹，这么梦想。

一天，在路上，这个年轻人碰到了一位双目失明且又失去了双臂和双腿的百万富翁。他便不由自主地向这位坐在轮椅上的富翁表达了自己的羡慕之情，说："我只要拥有您的 10%，不，哪怕只是 1% 的财富，也就心满意足了！"

"这样吧，你把你的两只手给我，我给你 20 万。"在问清楚了这年轻人的有关情况后，富翁这样对他说道。

"把我的手给您？可是，没有了手，我就是有了再多的钱，也无法去花了呀。"年轻人自然没有同意。

"那么，把你的两条腿给我也行，我同样给你 20 万。"富翁又说。

"这……这也不行。没有了腿，我就不能走路了。"年轻人还是不答应。

"哦，那你就把你的一双眼睛给我吧，我出更多的钱——我愿意用我所有的财产来换你的这双眼睛！"

富翁这回提出的条件实在是太诱人了。不过，经过一番思索之后，年轻人最终还是拒绝了："不行，没有了眼睛，我就什么都看不见了啊……"

这时富翁便语重心长地对他说道："我想你现在该明白了吧——其实你也是个富翁！因为你拥有即使是再多的钱财也买不到的一双健全的手、两条完整的腿和一对明亮的眼睛，而凭着这一切，你就可以去创造无穷无尽的财富……"

是的，一双健全的手、两条完整的腿和一对明亮的眼睛，实际上还不仅仅是财富，而且是财富之中最宝贵的财富。而拥有这一切的人之所以还会处于贫穷之中，常常是因为他并没有充分地意识到自己也是个富翁，从而实实在在地去发挥自己这种富有的威力。

没错，一双健全的手、两条完整的腿和一对明亮的眼睛，便是财富之中最宝贵的财富。

告诉自己：我能行

佚名

有个女孩生性胆怯，因为她有些口吃。尽管她的口吃并不严重，但她长期生活在自卑的阴影之中，脑海中时时浮现出老师轻蔑的眼神和自己在课堂上的尴尬场面；耳畔时时响起同学们的嘲笑声。长此以往，她的缺陷愈发明显。

但是她的声音很好听，她的理想是当播音员或演说家。在准备很充分的情况下，在不紧张时，她的表现非常好，让人听不出来她有缺陷。如果她主动告诉别人自己有口吃的毛病，别人会显出很惊讶的表情，说："不会吧，我怎么没听出来呢？你演讲得很不错啊！你在重要场合是太怯场了吧！"事实上，每当她站在讲台上，面对台下众多的听众时就会控制不住自己，结结巴巴。

因此，她错过了很多发展机会。她为此感到很痛苦。

后来，在一个朋友的引荐下，她去拜访一位成功的长者。她把自己内心的苦恼倾诉给那位长者，然后恳求道："您在我认识的人中，是最有才智的一位，您可以给我指条成功的路吗？"长者微笑地听着，说道："对自己说：我能行。"

女孩犹豫了一下，缓缓开口说："我能行。"长者说："用心再说一遍。"女孩顿了顿，大声说着："我能行。"长者说："再来一遍。"突然，女孩用力大喊了一句："我能行！"

那位长者意味深长地说道："以后，经常对自己说这句话。永远不要对自己说'不能'。"

此后，那个女孩终于克服了自己的缺陷，屡屡在学校的演讲比赛中获奖，学习成绩扶摇直上，最终如愿以偿地考取了广播学院，实现了自己的理想。

要想让别人肯定你，首先得自己肯定自己，相信一切都难不倒自己。对挡在自己面前的所有障碍,都能轻轻地拂去,如同掸掉一网蛛丝一般。不要轻易否定自己的能力,不要为自己的心灵设限,时常告诉自己:我能行!

一种看法决定一种情绪,一种情绪决定一种心态,一种心态决定一种选择,一种选择决定一种命运。人的起点都是一样的,相信自己的人总是能从阳光中吸取到能量,总是能以一种积极乐观的态度去享受生活;而自我怀疑的人总是走不出自我否定的怪圈,总是沉浸在对生活的自怨自艾中。不要对自我设限,你的心有多高,天就有多高;你的心有多远,路就有多远。

增强自信,获得成功

佚 名

几只蚂蚁去外边找食物,在一处田地边上发现了一个大玉米,于是他们想把玉米搬回家。可是玉米太大了,怎么办呢? 他们四下里瞧了瞧,并没有发现谁可以帮他们的忙。如果现在回家里请救兵,时间又来不及,因为天快黑了;要是放在这里等明天再来搬,又担心会把好不容易找到的食物给弄丢了。这可急坏了几只小蚂蚁。大家一商量,决定自己动手。

小蚂蚁们分好了工,每个抬玉米一个角,憋足了劲往家里搬。不一会儿,他们就累得满头大汗了。望着高高的斜坡,他们想:这可怎么办啊,没有力气抬上去。就在这时,后面突然钻出一只大公鸡,"喔喔喔"地叫着追过来抢大玉米,不知哪个喊了一声"跑",几只小蚂蚁来不及想就扛着大玉米拼命地冲上斜坡,一口气跑回家关上了门。看着面前的大玉米,一只小蚂蚁惊奇地说:"这是我们抬回来的吗?"其他小蚂蚁点点头。"想不到我们有这么大的力气啊!"其中的一只小蚂蚁喃喃地说。

"想不到我们有这么大的力气啊。"多么朴素又蕴含哲理的一句话。

要不是因为一个偶然的机会将你的潜力挖掘出来，或许连你自己都无法相信。回过头来想一想，你可能会觉得这一切不可思议。现实生活中此类事屡见不鲜，缺乏自信、妄自菲薄、面难兴叹、无所作为，这也不可能、那也办不到，使很多本来能够成功的事情归于失败。

有一句谚语说："不想当将军的士兵不是一个好士兵。"同样，不想做强者的人将永远都是一个懦夫。你或许知道，很多成大事的人一开始并没有意识到自己有多么了不起的能力，只是他们对自己有信心，善于挖掘自己身上的潜力。

勃特勒说："不相信自己比世上其他人都优秀的人是个可怜虫。不管我们的情况多么糟糕，或是处在多么低下的地位，我们决不和任何人对换身份。"所以从现在开始试着告诉自己：这个我能行。或许正因为你这样的一个念头，在多年以后再回首时你可能会惊奇地说："想不到我有那么大的潜力。"

阳光细语

不要埋怨你的生命里没有风景，你就是一道风景，没必要在别人的风景里面仰视；不要埋怨你的生活灰暗无光，你就是太阳，没必要羡慕别人的阳光。妄自菲薄的人，总是夸张了事情的难度，放大了自己的不足，缩小了自己的能力，低估了自己的潜能；自卑的人，总是在自卑里埋没自己，总是在怀疑中扼杀了自己的聪颖、天赋和无限的潜能。

自信自然最美丽

佚 名

让杰西永远也忘不了的，是她上三年级时的一次机会。学校排戏时，她被选出来扮演剧中的公主。接连几周，母亲都煞费苦心地跟她一起练习台词。可是，无论她在家表达得多么自如，一站到舞台上，她头脑里的台词就全都无影无踪了。

最后，老师只好叫杰西靠边站。她解释说，她为这出戏补写了一个道白者的角色，请杰西来担任。虽然她的话挺亲切婉转，但还是深深地刺痛了杰西，尤其是当杰西把自己的角色让给另一个女孩的时候。

那天回家吃午饭时，杰西没把发生的事情告诉母亲。然而，母亲却觉察到了她的不安，没有再提议她们练台词，而是问她是否想到院子里走走。

那是一个明媚的春日，棚架上的蔷薇藤正泛出亮丽的新绿。杰西无意中瞥见母亲在一棵蒲公英前弯下腰。"我想我得把这些杂草统统拔掉。"她说着，用力将那棵蒲公英连根拔起，"从现在起，咱们这庭院里就只有蔷薇了。"

"可我喜欢蒲公英，"杰西抗议道，"所有的花儿都是美丽的，哪怕是蒲公英！"

母亲表情严肃地打量着她。"对呀，每一朵花儿都以自己的风姿给人愉悦，不是吗？"她若有所思地说。

杰西点点头，为自己战胜了母亲而高兴。

"对人来说也是如此。"母亲又补充道，"不可能人人都当公主，但那并不值得羞愧。"

杰西知道母亲猜到了自己的痛苦，她一边告诉母亲发生了什么事，一边失声哭泣起来。

母亲听后释然一笑。

"但是，你将成为一个出色的道白者。"母亲说，并提醒杰西她是如何爱朗读故事给自己听的。

道白者的角色跟公主的角色一样重要。

阳光悟语

生活中，不可能每个人都能当上公主，但是每个人的角色都很重要。鲜花需要绿叶的衬托，如果没有绿叶，那么鲜花只能孤芳自赏啦！与其妄自菲薄，不如抬起头来，其实你也很美丽！

被人发现的机遇

赵 程

两年前，初涉社会的我随着滚滚打工人潮涌进了沿海那片富饶的土地，进了一家灯饰厂。白天上班，晚上爬格子，到月领工资，偶尔收点稿费。日子就这么平平淡淡地过着。

一天下班，随工友刚走出公司大门，就有一个瘦高个儿拦住我们了解情况。见对方态度诚恳，大家都没有走开。我习惯性地掏出香烟，准备抽上一支。正在这时，一个年轻人挤进来，递给瘦高个儿一本文件夹，说："范总，请您签个字。"我一听，愣了，这人就是公司的范总？在我发愣的当儿，范总已经站在了我的面前。这一下，我更显得手足无措了：面前是拥有千万资产的大老板，而我手中是仅仅一元钱一包的"雪竹"，是奉上一支，还是……在短短的两秒钟内，我进行了激烈的思想斗争。出于礼节，最终我还是抽出仅5分钱一支的"雪竹"递上去，恭敬地说："范总，请抽烟。"范总显然也惊异于我的举动，先是一愣，而后才接下来，说："谢谢。"范总走的时候，问我叫什么名字，我说了。他"哦"了一声，仿佛想再问点什么，但只张了张嘴，没说出来。

第二天下午，范总找到了我说："从明天起，你到这里来上班。"我简直不敢相信自己的耳朵，睁大眼睛盯着范总。他见我满脸惊诧的神色，笑了笑说："从明天起，你到总经理办公室上班。"尽管这次我听得明明白白，但仍感到不可思议。

我在总经理办公室主要是搞文字工作，这也应了我的特长，我做得很顺手，一晃三年多就过去了。后来家乡来电说，县里要公开招聘一批公务员，我决定去试一试。我去向范总辞行的时候，范总说："如果不中意，就回来，我随时欢迎你。"我就问他："范总，你最初调我到总经理办公室是为什么？"他笑着说："因为那一支五分钱的香烟。一般人是没有勇气那么做的,可你做了,说明你很自信,当然更重要的是我经常在报刊上读到你写的文章。"

其实,被人发现的机遇是掌握在自己手中的,那就是在任何时候对待任何事情都要自信。

阳光悟语

自信是一种品质,更是一种美德。因为这既能让自己获得进步,也是对他人的一种尊重。

第三章

提示　看那低垂的谷穗

　　谦虚是一个人认识世界的一种反馈,是使生命抵达更高层次的一把钥匙。学会谦虚,也就学会了怎样在茫茫的人生之海上撑稳自己前行的船只,学会了如何让心灵一步步走进世界的深处,学会了怎样让品格一步步走向伟大。从完善个人的品性而言,谦虚,会让我们赢得友谊、爱和尊敬。所以,人要谦虚。

季羡林三辞

佚　名

我国著名文学家、语言学家和教育家季羡林老先生,精通多国语言,而他的一生都为人谦和、低调,深得人们敬重。

季羡林从小精读经书、古文、诗词,但他却以"自己从来没有对哪一部经典、哪一个作家下过死功夫"为由,辞去了国人给予他的"国学大师"的称号。

后来,他又以自己"在人文社会科学的研究方面没有一点成绩,而比自己贡献更多的人比比皆是"为由,毅然辞去"学界(术)泰斗"的称号。

在一次会议上,有领导公然称他为"国宝",他也认为不妥,不能因为中国只有一个季羡林,所以自己就成了"宝"。他甚至还笑言:"中国的赵一、钱二、孙三、李四等也都只有一个,难道中国有十三亿'国宝'吗?"于是,他又发表声明,辞去了"国宝"的称号。

"三辞"事件告一段落后,季羡林感叹:"三顶桂冠一摘,还了我一个自由自在身。"

"国学大师""学界泰斗""国宝",都是让人梦寐以求的称号,季老先生却轻易地将它们辞去,这种"视功名如过眼烟云"的坦荡胸怀是多少人学都学不来的啊!

"宽阔的河流平静,学识渊博的人谦虚。"谦虚是一种品质,是一种人生的自省。因为一个人越谦虚,眼界往往越高,对世界无限、人生有限的认识越深刻,越能感到自己所做的那点事微不足道。谦虚是一杆秤,称出来的是人格的重量,懂得谦虚是一个人成熟的表现。越是知识渊博的人,越是懂得谦虚。骄傲多基于无知,谦虚则使人格更加伟大。

弯腰是美德

程 刚

贝瑞格是美国一家跨国公司的总裁,拥有几十亿的身价,但他为人处世却很低调。他有个习惯,就是弯腰。如果在办公区看到地上有丢弃的垃圾,他一定会弯腰随手捡起。即使去下属工厂视察,看到厂区里有随意乱丢的垃圾,他也不顾及自己的身份,当即弯腰去捡。这些本来由清洁工负责的事儿,贝瑞格往往身体力行。他从不对下属指手画脚、声色俱厉,而是不动声色地频频弯腰。如果你到贝瑞格公司总部或下属企业参观,会惊叹这是世界上最洁净漂亮的企业之一。

贝瑞格在路上弯腰拾起过几个美分的硬币,有人说只有穷人才会这样做,一个亿万富翁这样不过是作秀而已。对于这样的言论,贝瑞格从不辩解。他经常轻车简从,到各大城市转转,了解自己公司产品的销售情况和顾客反应。在商场和地铁站,碰到一些街头艺术家或乞丐时,贝瑞格会放缓脚步走过去,弯下腰,恭敬地把零钱放在琴盒或帽子里。有人说他太小气,应该捐出几千万用作慈善。其实他是盖茨慈善俱乐部的一员,只是不愿声张罢了。他在公园或广场还经常弯腰和儿童攀谈,有时也会脱下西装与孩子们游戏一番,这可能是他始终保持着一颗童心的秘诀。

有人觉得,一位大公司的总裁应该做些大事儿,在这些场合弯腰有失体面。但贝瑞格不这样认为。他说,弯腰不是清洁工、穷人和普通人的专利。弯腰是一种美德,它比在办公室里签出几千万的善款更有力量。

1945 年,贝瑞格出生在芝加哥,他 17 岁辍学后流落街头擦皮鞋。1965 年冬天一个寒风肆虐的下午,贝瑞格因为没有生意瑟缩在街角,饥寒交迫,几乎晕厥。一位绅士来到他的身旁,弯腰捧住他的双颊,一股暖流顿时传遍他的全身。这位绅士留下 70 美元，细心叠好放在贝瑞格脚下的钱盒里。这 70 美元成为贝瑞格的创业基金。

那位绅士在寒风中弯腰的情景给贝瑞格留下了永不磨灭的印象。

很多情况下，弯腰这个姿势无损自己的崇高，反而会使自己的人格更加高尚，并有利于传递人类的美德。

孔子认错

安　琪

有一次，孔子带着他的几个弟子——子路、颜渊和子贡去海州游览。师徒几人边走边聊，忽然传来了一阵"轰隆隆"的声音，孔子说："山那边正在打雷，我们明天再去吧。"子路仔细听了听，说："这不是雷声，而是海浪拍打岸边的声音。"孔子从未见过大海，就带着弟子，爬上了山顶。只见海阔无边、水天相连，他们都很兴奋。过了一会儿，孔子感到又热又渴，便让颜渊下山去舀些水。

颜渊拿起瓢正要下山，忽然听见身后有人在笑，回头一看，原来是个渔家孩子。孔子好奇地问："你笑什么？"那个孩子说："海水又咸又苦，怎么能喝呢？"说着，他主动把自己的竹筒递给了孔子。

孔子喝着甘甜的淡水，心里十分感动。谁知，还没来得及道谢，却下起了大雨。在孩子的带领下，他们来到一个山洞避雨。孔子站在洞口边，望着雨中的海景，不由诗兴大发，吟出两句诗："风吹海水千层浪，雨打沙滩万点坑。"

"好！"弟子们齐声称赞。

"千层浪、万点坑，你数过？"孩子反问道。

"对圣人不能无礼!"子路赶忙提醒那个孩子。

不料,那个孩子却说:"圣人?圣人也不见得样样都懂,刚才还想用海水解渴呢。还有,他会打鱼吗?"

这时,雨停了,那个孩子又去打鱼了。孔子沉思了好久,觉得那个孩子说的话很有道理。于是,孔子诚恳地对弟子们说:"是呀,人不可能一生下来就什么都懂。我们千万不要不懂装懂啊!"

阳光悟语

一个名扬天下的贤人,在一个孩子面前,能认识到自己的不足和错误并勇于承认,这需要多大的勇气呀。而我们的"圣人"——孔子做到了。

"人非圣贤,孰能无过,过而能改,善莫大焉!"人们都知道这句格言,但知错就改的人又有几个?

犯错和改错的过程,就是人成长的过程。人要学会知错就改,千万不要因为怕丢面子而拒绝改正,因为心灵比面子更重要。

克林顿和索要签名的小孩

佚 名

有一天,克林顿到医院探视病人。有一个小孩突然站到他的身边,不断地看着克林顿,什么话都不说。

就这样沉默了几秒钟之后,克林顿首先开口:"你有什么话要跟我说吗?"

"我想要你的签名!"小孩用洪亮的声音说。

克林顿情不自禁地露出微笑,拿起名片,很快地写上名字,正要交给小孩时,小孩又要求说:"我可以要4张吗?"

克林顿一脸笑意:"为什么要这么多张?一张不够用吗?"

小孩回答他:"我要用3张你的签名去换迈克尔·乔丹的一张签名

照。至于剩下的一张,我会妥善地收藏起来。"

克林顿总统并没有因此而不高兴,他又接连拿出 3 张名片,都签上了名字,同时开朗地说:"我所疼爱的一个侄子,最喜欢迈克尔·乔丹,改天有空我也要帮他去换一张迈克尔·乔丹的签名照。"

智慧是宝石,如果用谦虚镶边,就会更加灿烂夺目。为人谦和,不是懦弱和畏缩,相反是一种聪明和大智。天空收容每一片云彩,不论其美丑,故天空广阔无比;高山收容每一块岩石,不论其大小,故高山雄伟壮观;大海收容每一朵浪花,不论其清浊,故大海浩瀚无比。谦虚,可以使胸怀更宽广;谦虚,可以使人格更高尚;谦虚,可以使生活更精彩!

别人的批评

黄阔登

有一个人,做事很不认真。一天,他在工作中又犯了错,被老板叫进办公室训话。

老板狠狠数落了他一顿,并准备开除他。看老板动怒,为了保住饭碗,他做出虚心接受批评的样子,并恳求老板的原谅。

老板想了想,说:"好吧,你去办一件事,20 分钟时间,看能否办好再说。"老板交代好路线,又说,门口有块木板你得扛上,办完事后再扛回来。

这个人扛着木板走了一段路后,心想:"老板真是会折磨人,扛着木板多累啊,等会儿回来再扛上就行了,反正他也不知道。"于是,他把木板往路旁一扔,径直走了。不过,扔掉木板后,他很快就后悔了。原来,他要经过的那条路被一条沟隔断了,得搭上木板才能过去。等他急匆匆折回时,那块木板已不见了。捷径仅此一条,他这才后悔莫及。

面对批评时,不要总是一味地认为是他人与自己"过不去",很多时候别人的批评,就是给你的机会。谦虚做人,踏实做事,人生才会有更大的收获。

用更大的心去对待一切

佚　名

有个小男孩,不小心把一整包的磁铁掉落到水沟里。由于他并未将那包装有磁铁的胶袋给绑紧,所以包中的磁铁都散落到那水沟里。虽然他曾下水用手捞取,但就是没办法完全找回。他急得号啕大哭起来,他的哭声引起了众人的注意。

这时,来了一位老伯伯。这位老伯伯了解情况后,便要小男孩放心,因为他有办法可将磁铁完全找回来。

只见老伯伯回到家中后,便拿来一块很大的磁铁,就这么拿着大磁铁在水沟里来回移动。

不一会儿,很多磁铁就被吸了上来。当小男孩看见这景象后,十分惊奇。

"老伯伯,你怎会想到要用这么大的磁铁来吸呢?"

"这是有原因的。这就好比我们用了很大的心去对待一切,当我们的心变得很大时,就像那块大磁铁,会有很多好的际遇,正如同你手中所掉落的那些磁铁一样,会自动地一一靠过来。这就是我要告诉你的道理。"

美国自然文学作家瑞秋·卡森说:"如果仔细思索地球之美,它所储存的能量,将会和它所孕育的生命一样永久长存。"比之如此博大而宽广的大地母亲,我们人类的躯体是渺小的;然而,我们的心胸却可以和大地母亲一样宽广。当心能变得更宽大时,或明亮时,或具有智慧时,相信会有很多的际遇，不断出现在我们的眼前。

但问题是，如何才能让心变得宽阔，且能具有创造好的际遇的能耐，这就要看我们平时如何去努力了。

宽广的大海，因为她的深沉，吸引无数河流汇集。高耸的大树，因为他的雄壮，吸引无数小鸟聚集。所有伟大的物体都有不可抗拒的吸引力；人的内心也一样，高尚的人，因为他人格的魅力，因为他心胸的开阔，因为他志向的高远，也会吸引无数的尊重。

从低处做起

张宏宇

做什么事情都应该从头做起，从底层开始。我大学毕业后，看中了一家外资企业，由于所学专业不对口，没有竞争优势，所以并不自信，但我还是决定去尝试一下。

报名后通过简单的审核，我顺利地进入了笔试关。考试那天，主考官告诉大家，试卷分 AB 卷，想从一般职员做起的请选择 A 卷，竞争领导岗位的请选择 B 卷。虽然分两种试卷，但最终以大家的成绩做标准，择优录用。大家纷纷选择了自己想要的试卷。面对 AB 卷，我毫不犹豫地选择了 A 卷。这样大型的外资企业，对我来说一切都很陌生，我想我应该从最低处做起，刚开始工作，我也没有能力去胜任领导的岗位。

拿到 A 卷后，我才发现，虽然我应聘的岗位并不是我所学的专业，但题目出得却异常简单，我只用半个小时，就答完了所有的试题。本来对于笔试心里一直没有底，但没有想到这次笔试竟然这么容易。

成绩发布了，我的分数排在了第三名，顺利地通过了笔试考核。事后我才得知，那天共 35 人参加笔试，选择 A 卷的只有 5 人，也就是说应聘者大部分都想从事领导工作，想从底层做起的寥寥无几。但对于刚步入新企业的员工来说,最重要的就是要脚踏实地,一步一个脚印地做起。B卷不仅试题很多,而且非常难,领导岗位对人的要求是很高的。因此,选择A卷的均通过了考试,B卷的大都落榜了。

对于很多求职者来说,重要的不是你想做什么,而是你能够做什么。只有看清自己的位置,一切从低处做起,并做出正确的选择,我们才能迈出成功的第一步。

低头又何妨

夏红波

被称为"美国之父"的富兰克林,年轻时曾去拜访一位德高望重的老前辈。当时的富兰克林年轻气盛,挺胸抬头迈着大步,一进门,头就狠狠地撞在门框上,疼得他不住地用手揉搓。出来迎接他的前辈看到他这副样子,笑笑说:"很痛吧!可是,这将是你今天访问我的最大收获。一个人要想平安无事地活在世上,就必须时刻记住:该低头时就低头。"

一直心高气傲的我认为自己是一所好大学出来的本科生,找一家好单位没有问题,可是在人才市场转了半个月仍然没有结果。看得起我的单位我看不上,我想进入的单位人家又看不起我。"天生我材必有用,是金子到哪儿都会发光的。"我一直这样安慰着自己。后来眼看自己身上的钱所剩无几,才不得不委屈自己到一家酒店当了一名传菜生。

在酒店和一些连初中都没有毕业的同事一起工作使我明白了学历没有比能力更能让人站住脚。于是我放下了自己是大学生的架子,虚心地向其他同事学习。在做好本职工作的同时,我又学习配菜等知识,还了解了食品成本控制。通过自己的努力,我终于从一名传菜服务生变成了一名餐饮部经理助理。

是的,低头是需要勇气的。面对门楣低的门,我们只有低头才能进去,如果执迷不悟,始终保持挺胸抬头的姿态,那么我们又如何能进去看到门内的事物?

阳光悟语

大学生初入社会,往往是眼高手低,不能放下身段。若能低头,你会发现里面的风景真是别有洞天!

把自己的杯子放低一些

佚　名

一个年轻人,满怀失望地来到一座寺院,对住持法能说:"我一心一意要学丹青,但至今也没有找到一个令我满意的老师。"

法能笑了笑,问:"你走南闯北十几年,真的没能找到一个自己满意的老师?"年轻人深深叹了口气说:"许多人都是徒有虚名啊,我见过他们的画,有的画技还不如我呢!"法能听了,又淡淡一笑说:"老衲虽然不懂丹青,但也颇爱收集一些名家精品。既然施主的画技并不比那些名家逊色,就烦请施主为老衲留下一幅墨宝吧。"说着,便吩咐一个小和尚拿来笔墨砚和一沓宣纸。

法能接着说:"老衲最大的嗜好就是品茗饮茶,尤其喜爱那些造型流畅的古朴茶具。施主可否为我画一个茶杯和一个茶壶?"

年轻人听了,说:"这还不容易!"于是,他调了一砚浓墨,铺开宣纸,寥寥数笔,就画出了一个倾斜着的水壶和一个造型典雅的茶杯。那水壶的壶嘴徐徐吐出的一脉茶水,正好注入到了茶杯中。然后,年轻人问:"大师,这幅画您满意吗?"

法能微微一笑,摇了摇头,说:"你画得确实不错,只是把茶壶和茶杯放错了位置。应该是茶杯在上,茶壶在下呀。"年轻人听了,笑道:"大师为何如此糊涂,历来都是茶壶往茶杯里注水,哪有茶杯在上而茶壶在下的道理?"

法能听了，仍然微笑着说："原来你也懂得这个道理啊！你渴望自己的杯子里能注入那些丹青高手的香茗，但你总是把自己的杯子放得比那些茶壶还要高，香茗怎么能注入你的杯子里呢？一个人只有把自己放低些，才能吸纳别人的智慧和经验。"

阳光悟语

"一个人只有把自己放低些，才能吸纳别人的智慧和经验。"法能法师这句看似简单的话，道出了一个深刻的道理：江海之所以能为百谷之王，是因为自己身处低下。同样，人要想拥有辉煌的事业，首先应该谦虚，绝不能骄傲。正如俄国心理学家巴甫洛夫所说："因为一骄傲，人们就会在应该同意的场合固执起来；因为一骄傲，人们就会拒绝别人的忠告和友谊的帮助；因为一骄傲，人们就会丧失客观标准。"

朋友，如果你想充实自己，就从现在开始，带着谦虚上路吧！

柳公权虚心拜师

佚 名

柳公权是唐代著名的书法家。他在少年的时候，就写得一手好字，常常博得师长的夸赞和朋友的羡慕，因此他不免骄傲起来。

有一天，柳公权和几个伙伴在路边的亭子里练习书法。伙伴们围着柳公权，一边看他写字，一边大声地称赞着。柳公权心里得意极了，他对伙伴们说道："这算什么，等过几年，我的书法一定天下第一。"

这时，一位老者从这里经过，听到柳公权的话，就走过来看了看他写的字，皱皱眉头，说："这字写得并不好，软塌塌的，没筋没骨，还值得在人前夸耀吗？据我所知，有人用脚写得都比这好。"

柳公权一听，小脸涨得通红，说："不可能，不会有人比我写得更好了，更何况是用脚！"

老人爽朗地笑了笑，说："不信，你就到华京城去看看吧。"

第二天,柳公权一大早就出发,独自去了华京城。一进华京城,他就看见一棵大槐树下围了许多人。他挤进人群,只见一个没有双臂的黑瘦老头儿背靠槐树,赤着双脚,坐在地上,左脚压纸,右脚夹笔,正在挥洒自如地写字,笔下的字龙飞凤舞,每一笔都是那么刚劲有力,博得围观的人阵阵喝彩。

自己的字和这位老人用脚写的字比起来果然是不值一提,柳公权心中深感惭愧。他马上走到老人面前,"扑通"一声跪下,说:"我愿意拜您为师。请您告诉我写字的秘诀……"

老人慌忙放下笔,对柳公权说:"我是个孤苦的人,生来没手,只得靠脚混生活,怎么能为人师表呢?"小公权苦苦哀求,老人才在地上铺了一张纸,用右脚写下几个字:"写尽八缸水,砚染涝池黑;博取百家长,始得龙凤飞。"

柳公权把老人的话牢记在心,从此发奋练字。他的手上磨起了厚厚的茧子,衣袖补了一层又一层。经过苦练,柳公权终于成为著名的书法家。

阳光悟语

山外有山,人外有人。一个人如果因为自己取得了一点儿微薄的成绩就自鸣得意,那么与井底之蛙又有什么区别呢?所以,我们只有时刻保持一种谦虚向上的学习态度,坚持不懈地努力提高自己,才能取得更大的成就。

傻孩子

崔 立

都说他傻,像牛一样,不知疲倦地卖力干活儿。别人磨磨蹭蹭一个小时都难以完成的工作,他半个小时就能完成。

他是实习生,从另一角度说,就是廉价劳动力的一种。

尽管如此,他却毫不吝惜他的工作热情。有人忍不住说他,傻干那么多,老板又看不到。他摇头,脸上露出农村孩子特有的憨憨的笑。

按公司以往使用实习生的惯例来看,没有一个被留下过。便有好心的同事劝他,不必那么辛苦的,你干得再多也是白干。

他笑笑,居然说,要对得起他拿的那份工资。

他的话刚说出,大家忍不住都笑了。

真是个傻孩子啊。

按公司规定,实习生一个月只有600元钱的工资。这点钱,还不到正式工的五分之一。拿得比他多得多的正式工都不怎么卖力,他一个实习生,就拿这点钱,也值得他卖力干活儿吗?

大家在笑,他却认了真,他说,在俺们农村,600元钱,俺娘要从天亮一直干到天黑,辛苦干3个月呢。而这里,每个月每天只要做满8个小时就可以了。所以,俺娘告诉我,要我好好干,要对得起自己每天赚的这个钱。

每个人都愣住了,大家想不到这个孩子会有这样的想法。这个办公室的每一个人,都觉得自己做得多,而钱拿得少,但事实上,工资都是他的几倍多。而他,居然认为拿得多了。

三个月的实习期很快就到了。出乎意料的是,他居然被留下了。在实习期一结束,就转正。这次有点破天荒了。

面对接踵而来的涨工资,他乐开了,工作积极性也更高了。

他甚至于花了更多的时间在工作上:早上总是第一个上班,晚上也是最后一个走的。

不过,每次去领工资,他总显得很惶恐。而且,每当一沓钱到他手上,财务让他清点一下,他总笑了笑说,没事,不用点了,肯定不会错的。

他仍是憨憨地笑,边笑,边点头。手上的活儿,却丝毫没有停歇过。

有一天,公司给他安排了一个单独的办公间,办公间面积不大,却很整洁。他变得更忙了,因为工资又加了,他不得不花更多的时间扑在工作上。

尽管他还是那么不知疲倦地工作,却再没有人叫他傻孩子了。

他姓刘,大家都叫他刘经理,叫得都是毕恭毕敬的。

人有时候傻一点,会获得更意外的结果。谦虚一点儿,多做一点儿,未必是件坏事。

第四章

提示

诚信是别人对待你的"砝码"

　　诚信是人的一种特殊的道德修养。依靠契约的方式，诚信的双方共同遵守某一诺言，并将它延续下来，这就是诚信。诚信的契约有时写在纸上，有时镌刻在心灵上，有时写入历史的石碑中。时间的流逝和坚守的困难让真正做到了诚信的人们赢得尊重……

你的行为就是别人对待你的"砝码"

佚　名

法国北部诺曼底的一个小镇,有位面包师傅经常到隔壁农场买牛油。面包师傅发现每回购得的1.5千克重的牛油块,都缺斤短两,而且问题一再重演。终于,忍无可忍之下,他将农场主人揪送法办。

法官问农场主人:"您有磅秤吗?"

"有的。"

"你少了称重量的砝码吗?"

"我是少了几粒砝码块,重量不齐。"

"那您又如何能称出牛油块的重量呢?"

"跟您据实禀报,法官,根本不需要砝码!"

"怎么可能?"

"事情是这样的,当面包师傅很赏光地到农场买牛油,我也决定采购他做的面包。而且,每次就用他送来的1.5千克面包当作砝码,称出等重的牛油回卖给他。如果他不服,认为被欺诈,这不是我的错,是他的。"

将心比心,你怎么待人,人就怎么待你,这是天经地义的事。以诚信能换来诚信,以欺骗则只能换来欺骗。在责怪别人之前,何不先反省一下自己?

季札重诺赠宝剑

佚　名

季札是吴国国君的小儿子,他不但学识渊博,品行高尚,而且言出必行。有一次,季札受命出使各诸侯国,途径徐国时,受到徐国国君的盛情礼待。几天后,季札要离开了,徐国国君又为他设宴饯行。

宴席上，季札和徐君相谈甚欢。季札高兴不已，抽出腰间佩剑，在优美动听的乐声中，边歌边舞，以表示对徐君的感谢。

宝剑在烛光的映衬下熠熠生辉，而剑锋寒光闪闪，挥舞中更是银光万丈。徐君见了，心里十分喜欢，情不自禁连连赞好。

季札看出徐君很喜欢宝剑，便想将其赠送给他，但是转念一想："宝剑是作为吴国使节的一个信物，我只有随身带着，才可被各国国君接见，在任务未完成之前，我又岂能随便将剑送出去呢？"

其实，徐君也明白季札的难处，所以尽管他很喜欢这把剑，最终也没有说出来。

辞别时，徐君又送给季札许多礼物，季札在心里许下诺言："等我出使列国回来，一定要将宝剑送给徐君。"

几个月后，季札终于完成使命，急急地踏上归途。他一到徐国，就进宫找徐君。

但令人震惊的是，几天前，徐君突然生重病去世了。

季札非常伤心，来到徐君墓前，说："徐君，我知道你很喜欢这把宝剑，现在我的使命已完成，这把剑就送给你了。"

说完，他双手解下佩剑，郑重地将剑挂到墓碑旁的树上。

跟随季札的随从看了，很不解地问道："公子，徐君已去世，你又何必再将剑送给他呢？"

季札回答说："在我离开徐国时，曾暗许诺言，要将此剑送给徐君。现在他虽然死了，但我必须遵守诺言，因为诺言与人是否已去世并无关系。"

阳光悟语

与人交往，守信第一，信誉是无价的。如果把生活比作广袤无垠的土地，那么诚信就是一道河流，它能洗尽浮华，洗尽躁动，洗尽虚假，让人活得轻松、活得自在。

准时赴约

伊曼努尔·康德是德国古典哲学的创始人,他就像精确的钟表一样守时,而且风雨无阻,所以市民们在满怀敬意地与他打招呼时,总是趁机校正自己的钟表。至今他准时赴约的故事仍一直被后人传颂着。

1779 年,康德计划去一座珀芬的小镇拜访朋友彼特斯。动身前,他给彼特斯写了一封信,约定 3 月 2 日上午 11 时前到他家。3 月 1 日,康德就到达了珀芬镇。由于朋友居住的农场离小镇 19 千米,中间又隔着一条河,所以第二天一早,康德便租了一辆马车前往。等来到河边时,康德发现桥已经坏了,中间完全断裂。河虽然不宽,但水很深,上面结了一层薄薄的冰。

"附近还有别的桥吗?"康德焦急地问。

"有,先生,"车夫回答,"在上游 10 千米的地方。"康德看了看怀表,已经 10 点了。

"如果我们走那座桥,什么时候可以到达农场?"

"大约 12 点半。"车夫沉思了一会儿说。

"如果过这座桥,那么最快能什么时间到?"

"不到 40 分钟,先生。"

"好!"说着,康德向附近的一户人家跑去。

"请问您的这间小木屋,要多少钱?"康德问。

"你要买这简陋、破旧的木屋?"农夫简直不相信自己的耳朵。

"嗯。您想要多少钱?"

"200 法郎。"

康德立刻付了钱,说:"如果您能从这座小木屋上拆下几根长木条,并且在 20 分钟内把桥修好,我就把木屋送给您。"

农夫听了,非常高兴。在两个女儿的协助下,农夫按时完成了任务。

马车飞快地过了桥,疾驶在乡间的公路上。

10点55分,康德赶到了农场。彼特斯高兴地说:"亲爱的朋友,您真准时。"

守时也是信守诺言的一个重要方面。康德是一位杰出的哲学家,但是却能从点滴做起,严于律己,信守承诺,尊重他人,这是一种十分可贵的品质。现在有些人,不守时似乎已成为习惯。殊不知,不守时的人实际上是不懂得尊重别人,也表明他不是一个信守诺言的人。所以,要遵守道德规范,做人处世的任何细节都不可忽略。

诚实的乔治·华盛顿

佚 名

乔治·华盛顿是美国首任总统,美国首都就是为纪念他的功绩而命名的。他不仅为美国的独立和建设事业做出了巨大的贡献,而且他那诚实的故事也流传至今。

华盛顿小时候,他的父亲是一位庄园主,他家的果园里栽满了各种果树。他经常跟着父亲去那里玩。

一天,父亲正在修剪果树,忽然一位朋友来访,父亲放下斧子就离开了。这是一把新斧子,在阳光下闪闪发亮。小华盛顿很快成了这把斧子的"主人"。他用新斧子割小草、削树枝,玩得开心极了!玩着玩着,突然他想:"父亲能用它砍断很粗很大的树枝,我能不能抡起它来呢?"正巧,不远处有一棵小樱桃树,于是小华盛顿跑上前,用力抡起斧子向小樱桃树砍去,一下、两下……还不到十下,那棵小樱桃树就被砍倒了。

傍晚,父亲回来了,发现果园里被弄得乱七八糟,那棵他喜爱的小樱桃树也被砍倒了。父亲非常生气,厉声问:"谁把我的樱桃树砍倒了?"小华盛顿意识到自己闯了祸,他犹豫了片刻,然后态度诚恳地说:"爸爸,是我用斧子把树砍坏了。我宁愿接受您的惩罚，也不愿意说谎。我愿意再栽上一棵，而且以后再也不乱砍了。"

听完小华盛顿的话，爸爸满脸的怒气顿时烟消云散，他说："孩子，随便砍掉樱桃树，你该受到批评；但是你没有说谎，就应该得到原谅。因为，1000棵樱桃树的价值，也比不上你诚实的价值。"

后来，小樱桃树的故事被渐渐传开了，"我不能说谎"成了小华盛顿的写照。

美国首任总统乔治·华盛顿小时候因为好奇，砍倒了父亲心爱的樱桃树后，勇敢地承认了自己的过错。这件事不但没有削减华盛顿的崇高形象，反而更加提升了他在人们心目中的地位。

"知错能改，善莫大焉"，古人尚且知道这个道理，何况我们呢？

实话实说的晏殊

佚 名

北宋著名词人、政治家晏殊，小时候聪明过人，7岁时就能写出一手好文章，而且非常诚实、正直。

晏殊14岁时，被推荐为"神童"，受到皇帝宋真宗的召见。宋真宗让他与1000多名考生一起参加进士考试。晏殊卷子答得既快又好。第二天复试，题目是"诗赋论"，晏殊在试卷上写道："这个题目，我在10天前做过，如果将旧题重做一遍，实有欺君之嫌，恳请陛下另外出题。"然后，晏殊请监考官将试卷转呈皇帝。宋真宗见晏殊襟怀坦白，为人诚实，十分喜欢，便另出试题，选中他为进士，后来又选拔他为翰林。

一次，朝中大小官员到城外郊游，并举办大型宴会。晏殊因家贫无力参加，便和兄弟们在家读书做文章。有一天，皇帝为太子选老师，直接点名要晏殊担任，大臣们都很惊讶。宋真宗说："我听说，晏殊不参加郊游和宴会,经常在家闭门读书,这样忠厚谨慎的人,放在太子身边最合适。"

晏殊拜谢皇帝后,坦率地说:"我没有参加郊游和宴会是因为家里穷,如果我有钱,我也会去的。"

宋真宗见他如此诚实可信,便对他更加赏识,不断委以重任。晏殊一直做到宰相。

阳光悟语

诚实的人,不骄躁、不虚夸、不轻狂。诚实是一个人所能给自己良心的最好答卷,同时,诚实的人,往往容易取得别人的信任,并且能得到重用。想想,这世界上又有谁愿意和一个满嘴谎言的人相处呢?如果一个人缺乏诚实,他也许可以得意一时,但终将一事无成。

查道吃枣付钱

佚 名

北宋时期,有一个叫查道的人。一天早上,他和仆人挑着礼物去看望远方的一位亲戚。

他们走了一个上午,到中午时分,两人都感到肚子有些饿了,可是方圆几里地却没有一家饭铺,怎么办呢?于是仆人向查道建议说:"主人,这四处也找不到食物,我们不如从送人的礼物中拿出一些东西来吃吧!"

"那怎么行呢?这些礼物既然要送人,便是人家的东西了,我们要讲信用,怎么能偷吃呢?"查道很坚决地说。

仆人听他这么一说,知道没有办法说服他,只好无奈地看了看礼物,饿着肚子继续赶路。

走着走着,他们来到了一片枣林。枣树上挂满了熟透的枣子,十分招人喜爱。查道和仆人本来就已经饿得发昏了,看见这满树的红枣更觉得饥饿难耐。于是,查道忙叫仆人去寻找枣园的主人。可是,四处都找遍了也没有找到枣园的主人。查道饿得实在忍不住了,就叫仆人到树上采了些枣子来吃。

两人吃完枣后，查道拿出一串钱，要挂在采过枣子的树上。仆人奇怪地问："主人，你这是干什么呀？"

查道说："吃了人家的枣子，应该付枣钱啊。"

仆人嘟囔着说："枣园的主人又不在，别人也没看见，你又何必这样认真呢？"

查道看了看仆人，严肃地说："诚实是做人的基本道德，我们既然吃了人家的枣子就应该付钱。怎么能因为主人不在，没有别人看见就轻易地将这个做人的基本原则改变了呢？"

说完，查道挂好钱，带着仆人离开了。

有人监督的诚实，不是真正意义上的诚实。一个真正诚实的人，应善于"慎独"，就是在没有人监督的情况下，也能真诚地对待别人，对待自己。说到底，诚实就是不搞当面一套、背后一套的把戏。

做一个诚实的士兵

黄相怀

一战期间，有个国家的训练营内正在组织一次野外赛跑。领导人非常重视这次赛跑，决定从中挑选几个人，执行一项非常艰巨的任务。

赛跑进行中，士兵卡尔身材瘦小，多次感到体力不支眼看越来越落后，他不断告诉自己："绝对不能放弃，必须坚持。"他发现，越往后路线越复杂，跑起来越困难，但有个念头一直支撑着他：哪怕跑最后一名，也要坚持到达终点。

突然，面前出现一个岔路口，竖立着两个指示标牌，分别标出两条道路：一条是军官跑道，一条是士兵跑道。凭经验，卡尔知道，通常负责管理的军官们在体能方面不如普通士兵，所以为了方便他们，军官跑道一般比士兵跑道平坦,更容易到达终点。虽然心中有些不平,但他依然朝着士兵跑道前进。看到指示标牌的其他士兵,大多选择了军官跑道。后面的道路怎么越来越平坦,跑起来越来越轻松?在通过一个黑暗的隧道后,没跑多远,他就看到前方彩旗飘扬:终点到了。

卡尔跑过终点线时,最高长官麦克逊将军过来与他握手,祝贺他跑出前10名的好成绩。卡尔感到不可思议,在此之前,自己连前50名都没进入过。

他问麦克逊将军:"那些选择军官跑道的士兵都在哪里?"麦克逊将军告诉他:"他们还在路途中,不知道天黑之前能不能出来。"原来,为了考验士兵的诚实度,这次越野赛,根本就没有军官参加。

卡尔以其绝对的诚实赢得了比赛,同时也获得了执行那项艰巨任务的机会。

阳光悟语

服从是军人的天职,卡尔忠于自己的责任,跑在自己应该遵循的跑道上,最终取得了胜利,而那些选择军官跑道的人,不仅弄巧成拙,走了很多弯路,也失去了本来可以赢来的机会。

捷 径

王伟锋

我小的时候,镇上有一家酿醋的小作坊。主人姓李,是个腿脚不灵便的残疾人,干不了重活,于是就做起了酿醋卖醋的小生意。李家人靠此,勉强维持生计。

李家酿的是米醋,颜色好,味道纯正。镇上的人打醋,都喜欢到李师傅家里去。那时,日子紧巴,家家户户都不富裕,人们恨不得把一分钱掰成两半花。醋不算太贵,五分钱一瓶。但有的人家,出于节俭,每次只打两三分钱的。

李师傅人实在,心好。无论大人小孩,无论打多少钱的醋,他都拐着腿,一律笑脸相迎。有的人经济困难,暂时拿不出一瓶醋钱,李师傅也不介意,照样把瓶子灌得满满的,赊给人家。

李师傅的儿子福海和我是小学同学。尽管家里做着生意,但福海的穿着和我们一样,也是满身的补丁。一次,福海私下告诉我,他们家里做饭,很少舍得放一点醋进去。卖醋的人家,居然不舍得吃醋,那时的我很是想不明白。

福海勉强混到初中毕业,就辍学了,跟着父亲学做醋。

后来,李师傅年纪大了,家里的生意便完全交给福海打理。福海读书不行,做生意却很有一套,把小作坊经营得有声有色。很快,福海家里的土坯房翻盖为青砖瓦房,后来又换成了二层小楼。

前不久,我回老家,看到靠墙根晒太阳的福海时,却发现他精神萎靡,一副落魄的样子。我惊讶地问父亲:"福海咋了,他生意不是做得好好的吗?"

父亲叹了一口气,说:"福海这孩子,是个做生意的坯子,可惜白瞎了,聪明用错了地方。以前,仗着老李留下的好名声,他是挣了一些钱。可谁知,后来他居然学会了歪门邪道,用工业醋精和色素勾兑醋。镇上的人都吃出来了,不是原来那个味儿,生意慢慢就垮掉了。可惜呀,老李经营了一辈子的金字招牌,砸在了这小子手里……"

我听后,许久默然无语。

阳光物语

做人要讲究原则,比如诚信、坦诚、守时,这样才能得到别人的尊重。如果使用小伎俩,那坑害的还是你自己,因为欺骗只是一时,诚信才会长久。

两个修理部

王前恩

车箱坏了，得焊一下，去喜拴修理部吧。以前车上的修理活儿，都是喜拴给干的。喜拴的活儿干得好，收费也合理。可是现在喜拴修理部的门前，停了六七辆待修的汽车。喜拴忙得很。轮到我最快也得三个小时以后；我这是给建筑工地供砂石，耽搁不得。

正发愁，蓦地，我看到前边又有一个修理部，就将车开了过去。

修理部是个小伙子办的。听说小伙子以前在这儿办过，不知为啥停了几年，现在又开门接活儿了。小伙子见我来了，就指挥我把车停到了该停的位置。车停稳后，我刚跳到了地上，小伙子就递上来一支好猫香烟，并掏出打火机给我点上。我吸了口烟，指了下车箱说："要快！工地几百人干活儿哩，耽搁不得。"

小伙子很麻利，半个小时就焊好了。我掏出一张百元钞票递了上去，我想让小伙子找一下，因为我兜里的十块零钱肯定不够。令我诧异的是，小伙子瞅了一眼我手中的钱，不接，却说："再掏两张。""三百？！"我被惊傻了。小伙子望我笑："对，三百！嘿嘿。"我拳头握得叭叭响，但终没有打出去。因为我还得往工地送砂哩，这一打不耽搁一两个小时是走不脱的。我又掏出了两张百元钞票共三百元递了上去……

十多天后，我开着车从喜拴和小伙子的修理部门前经过，远远看到喜拴的修理部门前，车辆依然很多，而小伙子修理部门前一辆车也没有。

又一天，我的车胎坏了。喜拴修理部门前的车还是很多。我就让朋友帮我往工地供砂，我将车停在喜拴修理部的旁边，等着。等一天我也心甘情愿。在等的时候，我就朝小伙子的修理部那儿看，小伙子修理部门前依然没有一辆车，但我跟小伙子的目光撞上了，小伙子一下低下了头……

几天后，我又从这里经过，突然发现小伙子修理部的门又关上了，连门牌也摘掉了……

宰客,暂时看起来获得了暴利,但却断了自己以后的客源。难道不是吗?

金子般的心

张以进

这个故事发生在什么年代已经无从考证。

江南郑家村有一个叫金子的小姑娘。金子聪明可爱,长得非常漂亮。10岁那年,金子在放牛回家的路上,拾到一个包袱,包袱包得严严实实,打开一层层的旧衣衫,最里面藏着一袋金豆子。小姑娘不知道这袋金豆子的价值——这是一位商人一生拼搏的全部家产。

回家以后,金子姑娘把整包金豆子交给父亲。尽管一颗金豆子可以养活整家人的一辈子,淳朴的父亲还是没有留下一颗,他把金豆子全部交给了村里的族长。

几天后,当那位悲伤绝望的商人从族长手中接过那袋失而复得的金豆子时,他拿出一半金豆子感谢金子姑娘,但是,金子的父亲感谢商人的盛意后,没有留下一颗金豆子。

商人怀着深深的谢意和愧疚走了,村里人也渐渐忘却了这件事。

半年以后,郑家村口鼓乐喧天,鞭炮齐鸣。村民看到商人带着几十个精壮汉子,抬来一块披红挂彩的大石碑,上面刻着金子姑娘拾到金豆子归还商人的故事,这是族长也未曾有过的荣耀。商人在村口建了座义亭,将石碑埋在义亭的南墙上。义亭落成后,商人请戏班子在村里演了六天六夜的大戏。

金子姑娘拾金不昧的故事不断流传,渐渐地,人们把郑家村称为义村。

数百年后,战争的烽火硝烟蔓延全国。一位将军带着士兵来到郑家村,当他走到村口到义亭歇息的时候,看到了那块石碑,肃然起敬,下令军队以义为重,不得烧杀抢掠。就这样,郑家村躲过了战火的劫难。

千年以后,郑家村已经改名为义村。一位考古学家来到这里,看到那块饱经风霜的石碑依然挺立在村口,就写了一篇关于金子的文章,结尾写着这样一段话:世事沧桑,岁月如歌,义村里也许演绎过无数悲欢离合,生离死别;出现过许多达官贵人,风流名士;经受过多少风霜雨雪,飞沙走石。这些都像过眼烟云,渺无影踪。唯有金子般的心,历经千年,光彩如初。

人最可贵的,就是拥有一颗金子般的心。

金子姑娘拾金不昧的举动不仅为郑家村赢得了荣耀,也让郑家村避过了战争的灾难。人最可贵的,就是拥有一颗金子般的心。

光荣地死

佚 名

瓦尔特·司各特是英国著名的小说家。他生活上极度贫困,但是人们都很尊敬他,因为他诚实守信,特别是他的"光荣地死"早已被传为佳话。

司各特的一个朋友见他生活困难,就帮他开了一家出版印刷公司。可是由于司各特不善经营,不久公司就破产了。这无疑是雪上加霜,原本就很贫穷的他,又背上了6万美元的债。

为了帮司各特摆脱困境,朋友们商量,大家凑钱来帮他还债。司各特摇摇头,说:"不,我虽然很穷,但我还有这双手。凭这双手我一定能还清所有的债。我可以失去任何东西,但绝不能失去信用。"

从此,为了还债,司各特开始拼命地工作。

当时,很多家报纸都纷纷报道司各特企业倒闭的消息,大多数文章中除了遗憾,更多的是同情。司各特把这些文章统统扔进了火炉里,他对自己说:"瓦尔特·司各特是个真正的男子汉,他有宝贵的信用和战胜困难的勇气,他不需要怜悯和同情。"

后来,司各特学会了许多以前不会干的活儿。他经常一天之内,到好几个公司兼职。渐渐地,他累得又黑又瘦。

一天,司各特的一个债主看了他写的小说后,特意找到他,对他说:"司各特先生,我知道您是一个很讲信用的人,但是您更是一个才华出众的作家。您应该把时间用在写作上,您欠我的那部分钱不用还了!"

"先生,我非常感谢您。但我不能接受您的帮助,我不能做没有信用的人。"司各特谢绝了那位好心人的帮助。

那天晚上,司各特在日记里写道:"今天,我可以睡个踏实、安稳觉了。那位好心的债主说,我是一个诚实可靠的人,他还说不用我还他的钱了,但我不能接受。虽然我贫困潦倒,我却感到很光荣。当然,为了保全我的信誉,我可能会因困苦而死,但我死得很光荣。"

由于劳累过度,司各特病倒了。在生病期间,他经常对自己说:"我一定要好起来,我欠别人的钱还没还清。等我赚了钱,还完了债,然后再光荣地死吧。"

在这种信念的鼓舞下,司各特很快康复了。两年后,他靠自己的劳动还清了所有的债务。

阳光物语

诚信,是中华民族的一种传统美德;诚信,是人生的通行证。有人说,诚信是金,但我说,诚信无价。我们坚信,有诚信的明天会更好。

第五章

没有比人更高的山

宝剑锋从磨砺出，梅花香自苦寒来。成大事者必须有坚忍不拔的毅力，在逆境中发愤图强，在挫折面前百折不挠，在困难中勇往直前。坚强的毅力靠一颗种子的信念发芽，靠一丝希望的火光闪亮。有了信念和毅力，就能经受住苦难的磨砺，坚持到成功那天。

没有比脚更长的路

佚 名

那是一支24人组成的探险队，到亚马孙河上游的原始森林去探险。由于热带雨林的特殊气候，许多队员因身体严重不适应，相继与探险队失去了联系。

直到两个月以后，人们才彻底搞清了这支探险队的全部情况：在他们24人当中，有23人因疾病、迷路或饥饿等原因，在原始森林中不幸遇难；只有一个人创造了生还的奇迹，这个人就是著名的探险家约翰·鲍卢森。

在原始森林中，约翰·鲍卢森患上了严重的哮喘病，他饿着肚子在茫茫林海中坚持摸索了整整三天三夜。在此过程中，他昏死过去十几次，但心底里强烈的求生欲望使他一次又一次地站了起来，继续做顽强的垂死抗争。他一步一步地坚持，一步一步地摸索，生命的奇迹就这样在坚持与摸索中诞生！

后来，许多记者争先恐后地采访约翰·鲍卢森，问得最多的一个问题是："为什么唯独你能幸运地死里逃生？"

他说了一句非常具有哲理的话："世界上没有比人更高的山，也没有比脚更长的路。"

阳光物语

路是信念的延伸，坚持走下去，脚会战胜路。走出森林的信念支撑和引导着求生的人寻找方向。只要拥有坚定的信念和毅力，世上就没有走不出的森林，就没有办不成的事。

信念支撑生命

佚 名

在甘肃张掖这场地震来临时,有 3 个农民正在羊圈旁的窑洞里守卫着羊群。当地动山摇的那一刻,他们在发出惊叫之后,离门口最近的那个农民最先向外面逃去,然后是第二个,最后是第三个。但是当第二个农民被轰然掉下的土压倒时,第三个农民也没能跑出来,而且厚厚的土同时压在了前面那个农民的身上。

最后的那个农民是幸运的,靠仅有的一点稀薄的空气,他得到了短暂的生命。但是,那点空气显然不够他维持生命,他在死亡的边缘挣扎。这时,有一种坚强的信念一直支撑着他,那就是他认为第一个农民一定成功逃生了,他会很快喊来救援人员。

他奋力地挣扎,奋力地用手刨着土,以尽可能获得生还的机会,就这样,一直过了十几个钟头,在他奄奄一息时,他听到了救援人员的脚步声,这时的他已经没有喊叫的力气。

他终于被人们用手挖了出来,被挖出来的那一刻,他便彻底失去了知觉,但他终于成功地活了下来。

医生说,在那样稀薄的空气中,能够存活半个小时已经是奇迹了。

人们问起他时,他说:"我真的以为第一个农民已经逃生了,我相信逃生的农民一定会回来救我。"而实际上,第一个和第二个农民都没有跑出去就死了。

阳光悟语

有一种力量能让小草顶开头上的石头,迎接生命里的第一缕阳光;有一种力量能让蚕蛾挣脱茧的束缚,开始生命中的第一次飞翔。这就是信念的力量。信念是一种追求，是一种激励，是人生前进的强大动力。它支撑着人战胜一切困难，甚至是在死亡的边缘找到回家的路。

闪烁的希望

佚　名

在一次航行中，船被狂风卷起的巨浪打沉了，船上的人员死伤无数。但是有一个人却侥幸获得了一个救生艇，救生艇像一片树叶随着波浪上下颠簸。很快，他迷失了方向，救援人员也没办法找到他。

天渐渐地黑了，饥饿、寒冷和恐惧一起袭上心头。他连自己的近视镜都丢了，除了这个救生艇，真的是一无所有。他只好无助地望着天边……

忽然，他看到前面有一片灯光，高兴得几乎要跳起来。于是，他奋力划动着小船，向着那片灯光的方向前进。然而，那灯光似乎很远，天亮的时候，他也没有到达那里。

但是他并没有灰心，他想："既然那里有灯光，就一定是一座城市或者港口。"生存的希望在他心中燃烧着，他继续艰难地划着小船前进。

白天看不见灯光。但是到了夜晚，那片灯光依然在远处闪现，好像是在向他招手。

就这样，三天过去了，饥饿、干渴和疲惫更加严重地折磨着他。他觉得自己快要崩溃了，但一想到远处的那片灯光，他又力量倍增，继续向那片灯光划去。

第四天，他实在支撑不住了，昏倒在小船上，但脑海中仍然闪现着那片灯光，他想："我会到达那里的，一定会！"

那天晚上，终于有一艘经过的船救了他。他醒来后告诉大家：他已经不吃不喝在海上漂泊了四天四夜。

人们很吃惊，问他是怎么坚持下来的，他指着远方的那片灯光说："是……是那片灯光给了我希望。"

大家顺着他指的方向望去，哪有什么灯光，那只是天边闪烁的几颗星星！

在人生的旅途中，一定会遇到挫折和困难。只要不放弃希望，怀有坚定的信念，努力地去寻找，你一定会渡过难关。

信念是路标，指引着前进的方向；信念是明灯，照耀着期盼的心灵；信念是脊梁，支撑着不倒的灵魂。朋友，让我们与信念为友吧。

握紧你信念的斧头

陈振林

山里住着一个樵夫，他每天砍柴后拿到集市上去卖，以此维持生计，也略有余利。这样过了快有 10 年的时间，樵夫用每日积攒的微薄的收入盖了一座像样的房子。人们都为樵夫庆幸，因为他可以不再住那低矮潮湿的茅草屋了。

这天，樵夫背着砍好的柴到集市上卖。可是，不知什么原因，他山里的房子着火了。人们跑过去救火，无奈房子大部分用木材做成，而且风势过大，附近又没有水源，人们只得眼睁睁地看着整座房子被无情的大火吞噬。樵夫回到家，看到的只是一片焦土。人们不住地安慰樵夫，生怕樵夫伤心。樵夫一言不发，而是捡了根木棍，在那片焦土里拨弄着，好像在寻找着什么。人们以为他在寻找着一件珍贵的宝物。一会儿，他大叫起来："我找到了，我找到了！"

樵夫找到的只是他的那柄斧头。他随后将木棍嵌进了斧头，自信地说:"只要有这柄斧头,我就可以再建造一座更坚固耐用的房子。"

生活中的我们,肯定会遇到类似樵夫房子被毁的困难的情况。而我们,是否重新拾起了自己的那把斧头,那把写满自己信念的斧头呢?握紧你信念的斧头,你会开凿出一条更加开阔、平坦的人生之路!

希望之火是永不会熄灭的。我们要学会寻找生活中的"斧头"。

最优秀的人就是你自己

佚 名

风烛残年之际,柏拉图知道自己时日不多了,就想考验和点化一下他的那位平时看来很不错的助手。他把助手叫到床前说:"我需要一位最优秀的传承者,他不但要有相当的智慧,还必须有充分的信心和非凡的勇气……这样的人直到目前我还未见到,你帮我寻找和发掘一位好吗?"

"好的,好的。"助手很温顺很诚恳地说,"我一定竭尽全力地去寻找,不辜负您的栽培和信任。"

那位忠诚而勤奋的助手开始不辞辛劳地通过各种渠道四处为柏拉图寻找继承者。他领来一位又一位优秀的人才,可总被柏拉图一一婉言谢绝了。有一次,病入膏肓的柏拉图硬撑着坐起来,抚着那位助手的肩膀说:"真是辛苦你了,不过,你找来的那些人,其实还不如你……"

半年之后,柏拉图眼看就要告别人世,最优秀的人选还是没有眉目。助手非常惭愧,他泪流满面地坐在病床边,语气沉重地说:"我真对不起您,令您失望了!"

"失望的是我,对不起的却是你自己。"柏拉图说到这里,很失意地闭上眼睛,停顿了许久,又不无哀怨地说,"本来,最优秀的人就是你自己,只是你不敢相信自己,才把自己给忽略、给耽误、给丢失了……其实,每个人都是最优秀的,差别就在于如何认识自己、如何发掘和重用自己……"话没说完,一代哲人就永远离开了这个世界。

那位助手非常后悔,甚至整个后半生都在自责。

你可以敬佩别人,但绝不可以忽略了自己;你也可以相信别人,但绝不可以不相信自己。每个向往成功、不甘沉沦者,都应该牢记柏拉图的这句至理名言:最优秀的人就是你自己!

喷泉的高度不会超过它的源头;一个人的成就不会超过他的信念。阻止我们成功的往往不是环境,而是我们自己。一个不相信自己的人,如何能让别人相信?一个没有信心超越自己的人,如何能超越别人?

信念的力量

吴志强

这是发生在非洲的一个真实的故事。

9名矿工在很深的矿井下采煤,突然,矿井坍塌,出口被堵住,矿工们顿时与外界隔绝。这种事故在当地并不少见,凭借经验,他们意识到自己面临的最大危险是缺乏氧气,井下的空气最多还能让他们生存 3 个小时。

9 个人当中只有一个人有手表。于是大家商定,由戴表的人每半小时通报一次时间。当第一个半小时过去的时候,戴表的矿工轻描淡写地说:"过了半小时了。"但是他的心里却异常地紧张和焦虑,因为这是在向大家通报死亡线的临近。

这时,他突然灵机一动,决定不让大家死得那么痛苦。第二个半小时到了,他没有出声,而是又过了一刻钟,他才打起精神说:"已经过去一个小时了。"其实,时间一共已经过了75分钟。又过了一个小时,戴表的矿工才又一次通报所谓的"半小时"。当时的时间实际上已经过去了135分钟,但同伴们都以为时间只过了90分钟。当然,这个事实只有戴表的那个人知道……

事故发生4小时30分钟后,救援人员终于进来了,令他们感到惊异的是,9个人中竟有8个人还活着,只有一个人窒息而死——他就是那个戴表的矿工。

不知道真相的人坚信自己还有机会生还,信念让他们坚持到底,顽强地活了下来;而知道真相的人则相信自己会死,因而他过早地丧失了求生的意志,信念使他放弃了生命。

这就是信念的力量。

同是信念,只因为正反的不同,产生的结果也不同。很多时候,正因为我们把困难看得比谁都清楚,所以才能积极鼓励别人,给别人以积极的信念;而同时,又因为我们把困难看得太清楚,却不能给自己以积极的信念。如果我们每个人都能时刻保持积极、正确的信念,那成功就将是势在必得了。因此,给别人信念的同时,也要记着给自己积极的信念。

把失败写在背面

佚　名

有一个年轻人,从很小的时候起就有一个梦想,希望自己能够成为一名出色的赛车手。他在军队服役的时候,曾开过卡车,这对他熟练地掌握驾驶技术起到了很大的帮助作用。

退役之后,他选择到一家农场里开车。在工作之余,他一直坚持参加一支业余赛车队的技能训练;只要有机会遇到车赛,他都会想尽一切办法参加。因为得不到好的名次,所以他在赛车上的收入几乎为零,这也使得他欠下一笔数目不小的债务。

那一年,他参加了威斯康星州的赛车比赛。当赛程进行到一半多的时候他的赛车位列第三,他有很大的希望在这次比赛中获得好的名次。

突然,他前面那两辆赛车发生了相撞事故,他迅速地转动赛车的方向盘,试图避开它们,但终究因为车速太快未能成功。结果,他撞到了车道旁的墙壁上,赛车在燃烧中停了下来。

当他被救出来时,手已经被烧焦,鼻子也不见了,体表烧伤面积达40%。医生给他做了7个小时的手术之后,才使他从死神的手中挣脱出来。

经历这次事故,尽管他的性命保住了,可他的手萎缩得像鸡爪一样。医生告诉他说:"以后,你再也不能开车了。"

然而,他并没有因此而灰心绝望。为了实现那个久远的梦想,他决心再一次为成功付出代价。他接受了一系列植皮手术。为了恢复手指的灵活性,他每天都不停地练习用残余部分去抓木条,有时疼得浑身大汗淋漓,但他仍然坚持着。

仅仅是在11个月之后,仍是在上次发生事故的那个赛场上,他满怀信心地驾车驶入赛场。经过一番激烈的角逐,他最终赢得了250英里比赛的冠军。

他,就是美国颇具传奇色彩的伟大赛车手——吉米·哈里波斯。

当吉米第一次以冠军的姿态面对热情而疯狂的观众时,他流下了激动的眼泪。记者们将他围住,并纷纷向他提出一个相同的问题:"在遭受了那次沉重的打击之后,是什么力量使你重新振作起来的呢?"

此时,吉米手中拿着一张此次比赛的招贴图片,上面是一辆赛车迎着朝阳飞驰。他没有回答，只是微笑着用黑色的水笔在图片的背面写了一句凝重的话："把失败写在背面，我相信自己一定能成功！"

成功，是靠坚持信念、努力奋斗创造出来的。著名的成功学大师卡耐基有一句话："我想赢，我一定能赢，结果我又赢了。"所以，每个胸怀梦想的人，都应该把所有的失败都写在背面。如果昨天是一道伤痕，把伤痕永远地忘记吧！坚持信念，并敢于向命运挑战的人，从不会屈服于所谓的命运，他们即使在黑暗中，也能创造出阳光，照亮自己的生命。

非凡的毅力

佚 名

亨利·毕克斯特恩出生在英国威斯特麦兰郡克伦拜德尔地区，父亲是一个外科医生，他本人原本也准备继承父业。在爱丁堡求学期间，他就以坚韧刻苦出了名。他对医学研究专心致志，从不动摇。回到克伦拜德尔地区之后，他积极从事实践活动。但这样日子久了，他渐渐地对自己的职业失去了兴趣，也对所处偏僻小镇的闭塞与落后日渐产生不满。

后来，他对生理学产生了兴趣，并且有了自己的思考。他是那么渴望进一步提高自己。父亲完全赞成毕克斯特恩的愿望，并把他送进剑桥大学，以使他能在世界闻名的大学里进一步深造。

在此期间，他过分的用功严重地损害了他的身体。为了恢复健康，他用医生的身份接受了一项职务——去洛德奥克斯福德当一名旅行医生。也就是在这个过程中，他掌握了意大利语，并对意大利文学产生了浓厚的兴趣，而对医学的兴趣远不如以前了。后来他打算放弃医学，回到剑桥攻读文学学位。再后来他成为当年剑桥大学文学学位考试优秀者。他的努力程度，由此可见一斑。

毕业之后，令人遗憾的是他没能进入医学界，只好进入律师界。

作为一个刚刚毕业的学生，能进内殿法学协会并不容易。他像以前钻研医学一样刻苦地钻研法律。他在给他父亲的信中写道："每一个人都对我说：'你一定会成功——以你这非凡的毅力。'尽管我不知道将来会是什么样子，但有一点我敢肯定：只要我用心去干一件事，是决不会失败的。"

他在28岁那年，被招聘进入律师界，虽然也曾经历一段"靠朋友们的捐赠过日子""连最必需的衣服、食物都已紧缩到不能再紧缩的地步""经济十分拮据"的日子，但他最后终于成了一位声名显赫的主事官，以蓝格德尔贵族的身份坐在上议院里。

阳光悟语

"顽强的毅力可以征服世界上任何一座高峰。"是的，人生需要坚持。坚持需要忍耐，需要勇气，需要学会在与各种困难的斗争中磨炼意志。有些事坚持到一定程度的时候，美好的结果也就出现了。

一粒种子的信念

马　德

有一个女孩，高中毕业后，没考上大学，被安排在本村的小学教书。

结果，上课还不到一周，她由于讲不清数学题，被学生轰下台，灰头土脸地回了家。母亲为她擦了擦眼泪，安慰说，满肚子的东西，有的人倒得出来，有的人倒不出来，没必要为这个伤心。找找别的事，也许有更合适的事情等着你去做。

后来，她又随本村的伙伴一起外出打工。不幸的是，她又被老板轰了回来,原因是她裁剪衣服的时候手脚太慢了:别人一天可以裁制出六七件来,而她仅能做出两件来,质量也不过关。母亲对女儿说,手脚总是有快有慢的,别人已经干了好多年了,而你一直在念书,怎么快得了。说完,她便为女儿打点行装,准备让女儿到另一个地方试试。

女儿先后到过工厂,当过纺织工,干过市场管理员,做过会计,但无一例外,都半途而废了。然而每次女儿失败而又沮丧地回来的时候,母亲总是安慰她,从来没有抱怨的话。

女儿三十多岁的时候,凭着一点儿语言的天赋,做了聋哑学校的一位辅导员。后来,她又开办了一家自己的残障学校;再后来,她在许多城市又开办了残障人用品连锁店。现在,她已经是一个拥有几千万资产的老板了。

有一天,功成名就的女儿凑到已经年迈的母亲面前,她想得到一个一直以来想知道的答案。那就是,那些年她连连失败,自己都觉得前途渺茫的时候,是什么原因让母亲对她那么有信心呢?母亲的回答朴素而简单,她说,一块地,不适合种麦子,可以试试种豆子;豆子也长不好的话,可以种瓜果;瓜果也不济的话,撒上些荞麦种子一定能开花。因为一块地,总有一粒种子适合它,也终会有属于它的一片收成……

听完母亲的话之后,女儿落泪了,她明白了,实际上,母亲恒久而不绝的信念和爱,就是最坚韧的一粒种子;她的奇迹,就是这粒种子执着而生长出的奇迹。

阳光俚语

并不是你没有才能,只是某些环境不适合你发挥你的才能;并不是你没有特长,只是某些领域不需要你的特长;并不是你没有天赋,只是你不懂得赏识和发挥自己的天赋。永远不要怀疑自己,即使你现在陷于迷茫，即使你认为自己一无是处，即使你曾经经历了多次挫折，只要你坚信自己，不断地去尝试，总有一天你会找到一片适合自己生长的土地。

没有一种冰不被信念的阳光融化

马国福

多年前，那时高考很不容易，在我的故乡一个市里的学校，有50多个学生的班上能考上10个就很不简单了。一个落后的村庄就更不用说了，一年考大学的十几个人中间只有一两个人能如愿以偿。

我上高三的第一年名落孙山，从此一蹶不振，整天浑浑噩噩，像一棵蔫了的草。一张没有带给我荣耀的成绩单将我隔离在理想世界之外。

当时我一气之下想撕碎课本，认命与庄稼为伍，从此不再读书。父亲一直是乐观的，他没有责怪我，默默地拉住我的手，说："孩子，别这样，东方不亮西方亮；人活一世三十年河东三十年河西，没有过不去的坎儿。再复读一年吧，哪里的麦地不长庄稼？"

那段时间我每天陪着父亲下地挖蒜、割麦、翻地。休息的时候，父亲总是以他的农村哲学给我灌输诸如"车到山前必有路""留得青山在，不怕没柴烧"的思想，但他从不提及"落榜"之类的字眼。我知道他在忍受着内心的疼痛强装笑颜小心地呵护着儿子可怜的自尊。我在内心深处用消极的生活态度筑起的壁垒被父亲的安慰一点点瓦解，最终崩溃。我可怜的父亲就像一头永不知疲倦的黄牛，一边在生活的阡陌上耕耘着那几亩并不肥沃的土地，一边在生命的田野上守望着我们这些因一时的风雨而倦怠、叹息的庄稼。

暑假过去了，新学期我卷起书本重新加入到千军万马挤独木桥的行列之中。送我上学的那天，父亲特意刮了胡子，将脸洗得干干净净，穿了一身平时不怎么穿的新衣服。我知道他是想以这种新的面貌潜移默化地告诉他的儿子,希望他以新的成绩来回报自己全新的期待。我上车了,他只说了一句:"你肯定能行的!"车开动了,车窗外九月的阳光将父亲结实的身影照耀得格外高大,我鼻子一酸,几乎掉泪,但强忍着没有让脆弱的泪水掉下来。父亲如此相信他的儿子,我还有什么理由不自信呢?

高三的学习是很紧张的。每当想偷懒时我总是不由得想起父亲的那句话"我相信你肯定能行的",于是奋起、埋头、苦学。那年寒假期末考试我考得并不怎么理想。回到家里我如实说了自己的成绩,父亲说没事的。我尽可能多地帮父亲干一些农活儿,以洗刷因学习的失误带给父亲的痛苦。

有一次在河边放牛,累了,我和父亲坐在河边的一块大石头上,父亲抽烟,我埋头,一脸的心事。看着河面上结得厚厚实实的冰,父亲突然问我:"你知道冰什么时候开始融化的?"我不知他为什么要问这么简单的问题,脱口而出:"天气变暖,气温升高的时候。"父亲笑了,一脸的执着:"不,孩子,你错了。冰看似在一夜之间融化,但实际上是在很早以前,从最寒冷的那一天开始,冰就已经开始融化,只是没有人注意到。你的失败不就是暂时的寒冷吗?没有一种冰不被信念的阳光融化。其实只要你自信,这失败的冰早就融化了。"夕阳的余晖洒在父亲身上,脚下看似坚硬厚实的冰在水的起起伏伏中一点点融化。真的,仔细观察确实如此。父亲的意思我懂。

那年7月我被西安的一所重点大学录取,印证了父亲说的那句话:"冰实际上是从最冷的那一天开始融化"。现在,我们度过了最寒冷的时候,幸福的阳光每天都慷慨地洒在我们身上。

我知道,没有一种冰不被信念的阳光融化。

　　生命是一种信念,信念是一把火。充满信念的人生一片光明,怀有信念的人生充满激情。每个人都会经历失败的惨痛和承受挫折的辛酸。只要抱有信念,失败的阴云终有一天会被扫除。乐观向上,不言放弃,是战胜困难的有力武器。困难是暂时的。朋友,你应该知道,春天的风和日丽、繁花似锦,那是严冬过后的繁荣!

第六章

太阳也有黑点

金无足赤,人无完人,同样也没有完美的人生。每个人都是被上天咬过一口的苹果,有自己的缺点,也有自己的优点。人生的优势和缺陷会互相转化,人的优点和缺点也并不是水火难容。善于发现缺陷的价值,坦然面对自己的缺点,我们会惊喜地发现,残缺也是一种美丽。

一条腿也能游得很远

佚　名

2008年的北京奥运会上,有一个唯一既参加正常人比赛,又参加残疾人比赛的游泳运动员,她叫纳塔莉·杜托伊特,来自南非。

2001年2月,24岁的纳塔莉因为车祸而失去左小腿。在车祸发生四五个月后,她就开始训练,并一直鼓励自己不能丧失运动的能力。尽管走起路来还不太稳,但是纳塔莉看起来非常自信。

纳塔莉的榜样是美国体操运动员乔治·艾瑟,因为在1904年的奥运会上,乔治·艾瑟在木质左腿帮助下,获得了六块奖牌。

车祸发生一年之后,纳塔莉以优异的成绩,成功进入2002年英联邦运动会800米自由泳决赛,这是现代体育史上第一次有截肢运动员参加对手全是正常人的国际游泳比赛。

2004年,纳塔莉在雅典残奥会上获得了5金2银的荣誉。

2008年,马拉松游泳成为首次进入奥运会的比赛项目。游完10千米需要花上两个多小时,而且这一路上没有泳道,25个选手都挤在同一块水域里"混战",磕磕碰碰在所难免。

纳塔莉并没有因为残疾,享受到任何特殊照顾。但她仍然获得了第16名,让世人为之震撼。

"其实,我从来没有彻底战胜我的缺陷。"她说,"但是发扬你的优点才是最重要的,在水里我做到了自由自在、收放自如,我希望下一次能获得奥运会前5名的成绩。"

命运就是这样,当它向你关上一扇门的时候,又为你打开一扇窗。世上的任何事物都是多面的。某个侧面可能让人痛苦,但痛苦却往往可以转化。"蚌病成珠",每粒珍珠都是由不幸和痛苦孕育而成的。在勇敢、智慧、永不言败的人生斗士和"开拓者"看来,与其说他们面临了不幸和厄运,不如说他们迎来了另一种新生。

一次演出

佚　名

杰米·杜兰特是上个世纪的伟大艺人之一。第二次世界大战结束后的一天,他被邀请参加一场慰劳退伍军人的演出。可因为杰米·杜兰特的时间已经被各个演出安排得太紧张,他只好遗憾地告诉邀请单位,自己只能够做几分钟的独白。主办单位前来邀请他的负责人还是很高兴他能到场,便欣然同意了。

当杰米·杜兰特走到台上,掌声立刻潮水般响了起来。这样的场景,杰米·杜兰特早已司空见惯了。可奇怪的事情还是发生了,他做完独白后没有按照事先和主办单位说好的,立刻离场,而是表演起来,15分钟、20分钟、30分钟……这一场演出,出乎所有人的意料。因为,这几乎是杰米·杜兰特最近一年以来时间最长的一次演出。

当杰米·杜兰特鞠躬下台时,主办单位的负责人拦住正要匆匆离去的他,感激而又诧异地问他怎么会改变计划。杰米·杜兰特说道:"我本打算离开,但我没有办法离开,因为我看到了第一排的两名观众……"

原来,在第一排坐着两个男人,两个人都在战争中失去了一只手,一个人失去了左手,一个人失去了右手,但他们互相配合,用各自的一只手有节奏地击打对方的手,那样的开心、响亮……杰米·杜兰特的心在这个情景前颤抖着、澎湃着,并被他们深深地震撼了。因此,他临时改变了原来只做几分钟独白的计划。

人生不可能十全十美,总会出现这样或那样的缺憾。但当我们的肢体残缺了,当我们的能力被命运大大打了折扣,我们仍没有理由气馁和

颓废。因为,只要我们拥有一颗坚强的心,就能拥有一双善于发现美的眼睛,就能用一双充满激情的手,为美好的明天鼓掌。

站对位置才能发挥所长

佚　名

迈克在求学的时候屡屡受挫。高中还没毕业,校长就对他的母亲说:"迈克可能并不适合读书。他的理解能力太差,让人难以想象,他甚至连两位数以上的计算都不会。"

母亲很伤心,决定自己教他。然而,无论迈克怎么努力,他也记不住那些需要记忆的东西。迈克怀着忧伤的心情离开了家……

多年以后,市政府为了纪念一位名人,决定公开征求设计名人雕塑的雕塑师,众多雕塑师纷纷呈上自己的作品,最终一位远道而来的雕塑师的作品被选中。开幕式上,他说:"我想把这座雕塑献给我的母亲。在读书的时候,我没有获得她期望中的成功。现在我想要对她说,大学里没有我的位置,但生活中总会有我的一个位置。"

这个人就是迈克。迈克的母亲在人群中喜极而泣,她知道迈克并不笨,只是当年没有把他放对位置而已。

生活中,那些垂头丧气的人之所以会失败,不是因为能力不行,而是他们没有找准自己的位置,走错了路。一条路不通,我们可以去选择另外一条路,总有适合自己的。

缺陷的优势

佚　名

有一个孩子生下来就有残疾:一条腿长一条腿短。从小他就看惯了太多人的白眼,听惯了太多人的嘲笑,于是他变得沉默而敏感,用自卑把自己封闭了起来。

每次上体育课都是他最难熬的时间。行走在队列之中,他是那样显眼。而且,许多活动他都无法参加,只能坐在一边眼巴巴地看着别人玩儿。更令他难堪的事是每天上午第二节课后的课间操:在大操场上,全校的学生都在,他摇摇晃晃做操的时候,周围总会有人小声地笑。

于是他就更沉默了,除了拼命地学习,什么活动也不参加。初二的一天,班里组织去爬山,老师说每个人都要去,谁也不能请假。这让他慌乱不已,因为自己的腿,他从没爬过山。他无法想象在爬山的时候,别人会怎样地嘲笑他,可他必须去。下了车,到了山脚下,那山不是很高,却很陡,而且没有现成的路,只能一步步地向上爬!

老师一声令下,同学们向山上冲去,他也向前猛冲,一开始还跟跟跄跄,可一上了山坡,这种感觉立刻没有了。原来在爬山的时候,别人是看不到他的缺陷的。而且,由于一条腿长一条腿短,他攀登在高低不平的山坡上竟比别人省力得多!这一发现让他惊喜不已。很快,他已超过所有的人而遥遥领先。当他回头看时,身后的老师和同学都对他报以热烈的掌声。

那天回到家,他忽然问:"妈妈,为什么我在平地上走路摇摇晃晃的,而爬山的时候却又稳又快呢?"妈妈说:"孩子,上天给了你两条不一样长的腿,就是让你比别人走得更高啊!"他一下愣住了。

阳光悟语

生活给了我们一片阳光,也会让我们感受到淋雨的滋味。人生似一杯清茶,细细品味,才能尝出真味道。当不幸降临时,挺起胸膛,做一个勇往直前的猛士,你才能采撷到人生最艳丽的花朵。

利用好所拥有的

佚 名

安吉尔是世界上唯一用假腿来完成惊险走钢丝表演的人。但是，人们绝不会想到，她是个因患癌症动过 4 次手术，并已截去了右腿的人。

那是 1987 年 8 月，安吉尔患病，在右踝检查中，医生发现了一种少见的癌细胞。她只得接受了手术，右腿膝盖以下均被截去。

在这突如其来的厄运面前，安吉尔没有失望退缩。在手术 4 个月后，她又用假肢成功地进行了走钢丝的试验。这以后，不幸又接踵而至，几个月中，她被诊断患有肺癌，先后将左、右肺各切除了一半。第二年，不屈服于命运之神安排的安吉尔又同丈夫一起练起了走钢丝。经过几百小时的苦练，她又能单独进行走钢丝的表演了。

在恢复走钢丝练习 7 个月后，她又被诊断出癌症扩散，已无法医治。医生估计安吉尔肯定受不住这沉重的打击，可安吉尔却心静如水："没关系，我不想再请医生为我做什么了，让我回家去吧。只要我还活着，总能做些有益的事。只要我活着，即使大部分器官被切除了，我还要让生命发出一点光。"此后，她仍带着病残之躯，顽强地搏击于杂技舞台。

而她丈夫的一席话真是催人泪下："也许不久她将真的告别人世，她已让我们做好了准备，但我想她是永生的。她给予、再给予，拼搏、再拼搏，这就是她的性格、她的美德。"

安吉尔则说："我能留给孩子什么呢？最重要的是：我一定要他记住：要经常想到自己已有的东西，而别老是想自己没有的东西。一个人如果能充分地运用他所拥有的，那他一定能活得很好……"

困难、不幸也许会随时降临到我们的身边，我们该怎么办呢？所以，我们要学会珍惜自己眼前的，珍惜自己所拥有的。这样，我们就能够以一颗平和的心，去给予、去奉献、去拼搏，这样将使我们变得更坚强。

罗斯福在缺陷面前不退缩

佚 名

美国总统罗斯福是一个有缺陷的人。他小时候是一个脆弱胆小的学生：在学校课堂上总显露出一种惊惧的表情，呼吸就好像大喘气一样；如果被叫起来背诵，立即会双腿发抖，嘴唇也颤动不已；回答起来，含含糊糊，吞吞吐吐，然后颓然地坐下来。牙齿的暴露使他更没有一个好的面孔。

像他这样一个小孩儿，一定很敏感，常会回避同学间的任何活动，不喜欢交朋友，成为一个只知自怜的人！然而，罗斯福虽然有缺陷，同时却有着奋斗的精神——一种任何人都可具有的奋斗精神。事实上，缺陷促使他更加努力奋斗。他没有因为同伴对他的嘲笑而减少勇气。他喘气的习惯变成了一种坚定的嘶声。他用坚强的意志，咬紧自己的牙床使嘴唇不颤动而克服他的惧怕。

没有一个人能比罗斯福更了解自己，他清楚自己身体上的种种缺陷。他从来不欺骗自己，认为自己是勇敢、强壮和好看的。他用行动来证明自己可以克服先天的障碍而得到成功。

凡是能克服的缺点他便克服，不能克服的他便加以利用。通过演讲，他学会了如何利用一种假声，掩饰他那无人不知的龅牙。虽然他的演讲中并不具有任何惊人之处，但他也从不因自己的声音和姿态而遭遇失败。他没有洪亮的声音或是庄重的姿态，他也不像有些人那样具有惊人的辞令，然而在当时，他却是最有力量的演说家之一。

罗斯福没有在缺陷面前退缩和消沉，而是充分、全面地认识自己，在意识到自我缺陷的同时，能正确地评价自己，并顽强地克服和弥补。同时他不因缺憾而气馁，甚至将它们加以利用，变为扶梯而登上名誉巅峰。在晚年，已经很少有人知道他曾有严重的缺憾。

对一般人来讲,自信心的建立是非常重要的;对一个有缺陷的人来说,则尤为重要。要想建立自信心,首先要正视自身的缺陷,要像扫街道一般,将相当于街道上最阴湿黑暗角落的自卑感清除掉,然后再种植自信心,并加以巩固。信心建立之后,新的机会才会随之而来。

不必让每个人都说好

佚 名

有位青年画家想努力提高自己的画技,从而画出一幅人人都喜爱的画,为此他想出了一个办法。

他把自己认为最满意的一幅作品的复制品拿到市场上,旁边放上一支笔,请观众们把不足之处给指点出来。

集市上人来人往,画家的态度又十分诚恳,许多人就真诚地发表自己的意见。到晚上回来,画家发现,画面上所有的地方都标上了指责的记号。也就是说,这幅画简直一无是处。

这个结果对青年画家的打击太大了,他萎靡不振,开始怀疑自己到底有没有绘画的才能。他的老师见他前不久还雄心勃勃,此时却如此情绪消沉,不明就里。待问清原委后,老师哈哈大笑,叫他不必就此下结论,换一个方法再试试看。

第二天,画家把同一幅画的又一个复制品拿到集市上,旁边放上了一支笔。所不同的是,这次是让大家把觉得精彩的地方给指出来。到晚上回来,画面上同样密密麻麻地写满了各种记号。

"哦!"画家不无感慨地说道,"我现在发现一个奥妙,那就是:我们不管干什么,只要能使一部分人满意就够了。因为,在有些人看来是丑恶的东西,在另一些人眼里恰恰是美好的。"

青年画家从此大彻大悟,以后在画坛上有了一番成就。

众口难调,你永远无法满足所有人的胃口。高明的厨师会引导大家跟着自己的感觉走,而不是让自己跟着别人走。所以,不要为了迎合别人而放弃自己的想法和才华,按照自己的方式努力做下去,这样才能在你奋斗的领域中独树一帜。

阳光悟语

不要为了别人的反对改变自己,不要为了别人的称赞改变自己。如果你不遗余力地讨好每一个人,就意味着你将失去自己。别人的意见只是一个小指引,真正掌舵的人是你自己。只有遵循自己心中的航标,表现真正的自己,你才能走出一条与众不同的精彩之路。

残疾人也有生命的价值

佚 名

邰丽华,《千手观音》的领舞,中国残疾人艺术团的队长、舞蹈演员,中国特殊艺术协会副主席。

邰丽华出生在湖北宜昌,2岁的时候,因发高烧注射链霉素失去了听力。从那以后,她虽然生活在无声的世界里,自己却茫然不知。直到5岁时,幼儿园的小朋友轮流蒙着眼睛,玩辨别声音的游戏,她才意识到自己和别人不一样。她伤心地哭了。

邰丽华7岁进入聋哑小学,学校有一门特殊的课程,叫律动课。老师踏响木质地板上的象脚鼓,把震动传达给学生。嘭、嘭、嘭……这有节奏的震动,通过双脚传遍邰丽华的全身。她趴在地板上,用整个身体去感受这最美妙的声音,她兴奋极了!从此,舞蹈——这种和音乐密不可分的艺术吸引了邰丽华。这是她看得见的彩色音乐,也是她表达内心世界的美丽语言。

那时候的邰丽华多想拥有一双白舞鞋啊。可是,为了带她治病,妈妈辞掉了工作,全家四口人,只靠爸爸每个月50多元的工资生活。不过,细心的爸爸还是发现了邰丽华的愿望,他省吃俭用,给她买了一双舞鞋。拿到这双洁白的舞鞋后,邰丽华怕踩到地上把它弄脏了,就在床上跳啊跳啊,情不自禁地流下了幸福的泪水。

不论学习多紧张,邰丽华每天都要挤出时间练舞蹈,练得身上经常青一块、紫一块的。她怕妈妈看见了心疼,就是在夏天,也总是穿着一条长裤。有一天,妈妈还是发现了邰丽华满身的伤痕,心疼地把她紧紧搂在怀里。

1994年,邰丽华考上了湖北美术学院,学习装潢设计,成了这所普通大学里的聋哑学生。无法听老师讲课,她就坐在第一排,用眼睛看,看老师的口型和板书,课后又借来同学的笔记本,仔细抄写慢慢领会。大学毕业时,邰丽华不仅以优异的成绩拿到了美术专业的学士学位,同时获得了文学学士学位。她设计的"珍酒系列"包装,还在湖北省得了奖。

在邰丽华的成长过程中,舞蹈始终与她相伴。从15岁起,邰丽华就随着中国残疾人艺术团到各地演出,至今,她已出访30多个国家。

作为一位残疾人演员,邰丽华的艺术道路虽然洒满了艰辛和汗水,但也铺满了阳光和梦想。2002年10月,邰丽华在日本为世界残疾人会议演出,被誉为"全球六亿残疾人的形象大使"。2004年9月28日,在雅典残疾人奥运会闭幕式上,邰丽华带领中国残疾人艺术团聋人舞蹈队表演的《千手观音》震撼了世界。2005年2月2日,邰丽华应邀在元宵节联欢晚会上表演舞蹈《雀之灵》,她美丽的舞姿再一次打动了每一个人的心灵。

阳光悟语

残疾不是缺陷,而是人类多元化的特点;残疾不是不幸,只是不便。残疾人,也有生命的价值!当用快乐的心情面对不幸时,再灰暗的世界都会渐渐被色彩所吞没。有时候,逆风的方向更加适合飞翔,因为不幸能使人学会坚强、抗争,最终翔翔在蓝天,站到事业最高点。

第七章

提示

负重也是一种磨炼

若能把绊脚石变成垫脚石,你就是生活的强者。挫折就是这样,如果有时候你被它打败了,只要不断地去挑战,它总会屈服的。人生之路难免坎坷泥泞,我们就要以不服输、不低头的精神留下我们的脚印,战胜挫折,走出逆境。要知道,泥泞的路才会留下脚印。

珍　珠

佚　名

黎巴嫩的纪伯伦讲过这样一则小故事：

一只海蚌对它身旁的同伴说："我身子里有一颗东西，很痛，它又重又圆，我真苦恼。"它的同伴高傲得意地回答道："赞美天空，赞美大海，我身子里没有痛苦。我里里外外完整无缺，安然无恙。"这时，正好一只螃蟹走过，它听到了两只海蚌的对话，便对那只里里外外完好无缺的海蚌说道："是的，你的确完整无缺、安然无恙，但你要知道，让你同伴忍受痛苦的是一颗无与伦比的美丽的珍珠。"

阳光悟语

不忍受非凡的痛苦，哪来非凡的成就与风景？反过来说，有挫折的人生才是有价值的。因为挫折孕育完美，挫折导向成功。

用你的心去跳舞

佚　名

苏莎是一位著名的印度舞蹈家。在事业的巅峰时期，她却不幸遭遇了车祸，她的右腿被截肢。对于一个以舞蹈为职业的人来说，失去了一条腿，无疑也就失去了整个事业。但苏莎并没有轻言放弃。

在随后的几个月里，苏莎邂逅了一位医生，这位医生用在硫化橡胶中填充海绵的方法改进了假肢技术。医生为苏莎量身定做了一只新型假肢，装上假肢后，苏莎重返舞台的愿望也日益变得强烈和迫切。苏莎知道，自己首先要坚信梦想一定能实现。于是，为重返舞蹈世界，她开始了艰苦的尝试。她学习平衡、弯曲、伸展、行走、转身、旋转，直到开始翩翩起舞。

在其后的每一次公开演出中，她都忐忑不安地问父亲演出效果如何,而每一次,她得到的回答都是:"你还有很长一段路要走。"终于,在孟买的一次演出中,苏莎实现了历史性的恢复,她以令人不可思议的舞姿震惊了所有的观众,让每一位在场的观众都感动得热泪盈眶,苏莎也因为这次演出的巨大成功而重新夺回了原本属于她的舞蹈皇后的位置。当演出结束后,她再次向父亲征询意见,这次父亲什么也没有说,只是充满慈爱地抚摸着她的假肢,眼里满是爱。

苏莎奇迹般的成功,极大地鼓舞了当地的人们。经常有人问她:"在近乎绝望的逆境中,你是如何战胜自己并最终取得成功的?"苏莎总是很平淡地说:"我经常告诫自己,跳舞用的是心而非脚。"

世界上没有任何事情是不可能的,如果你有战胜挫折的信念,你就已成功了一半,剩下的就是用你的心去实现它了。

花生的秘密

佚 名

有一个年轻人渴望自己能够成功,但是却接二连三地遭受打击和挫折。这使他处于崩溃的边缘,几乎就要绝望了。然而苦闷的他仍然心有不甘,在彷徨和迷茫中,他去请教一位智者。

见到智者后,他很恭敬地问:"我一心想有所成就,可是我总是遇到挫折。请问,我怎样才能成功呢?"

智者笑笑,转身拿出一个东西递给年轻人。年轻人吃惊地发现躺在自己手心的竟然是一颗花生。智者问道:"你有没有觉得它有什么特别之处呢?"

年轻人仔细地对手中的花生观看了一番,但是仍然没有发现它和别的花生有什么差别。

"请你用力捏捏它。"智者说。

年轻人伸出手用力一捏,花生壳被他捏碎了,只有红色的花生仁留在了手中。

"请你再搓搓它,看看会发生什么事。"智者又说,脸上带着微笑。

年轻人虽然不解,但还是照着智者的话做了。就在他轻轻的一捻之中,花生红色的种皮也脱落了,只留下白白的果实。年轻人看着手中的花生,不知智者是什么意思。

"再用手捏它。"智者又说。

年轻人用力一捏,但是他感觉到自己的手指根本就无法将它捏碎。

"用手搓搓看。"智者说。

年轻人又照做了,当然,什么也没搓下来。

"虽屡遭挫折,却有一颗坚强的百折不挠的心,这就是成功的一大秘密啊!"智者说。

年轻人蓦然顿悟:自己遭遇过几次挫折就要崩溃绝望了,这样脆弱的心理又怎么能够成功呢? 从智者那里出来,他又挺起了胸膛,向前方迈开了脚步。

在生活中,每个人都难免会遇到各种各样的困难和挫折,我们该怎么办? 是以顽强的毅力战胜它们,还是毫无反抗地被它们战胜? 这取决于我们拥有怎样的人生态度,也决定了我们能够拥有怎样的人生。而在人生的路途上,只有那些坚强的人,才能领略更多的美景。

你是胡萝卜,是鸡蛋,还是咖啡豆?

佚 名

女儿对父亲抱怨她的生活,抱怨事事都那么艰难;她不知该如何应付生活,想要自暴自弃了;她已厌倦抗争和奋斗,好像一个问题刚解决,新的问题就又出现了。

她的父亲是位厨师,他把她带进厨房。他先往三只锅里倒入一些水,然后把它们放在旺火上烧。不久锅里的水烧开了。他往一只锅里放些胡萝卜,第二只锅里放几个鸡蛋,最后一只锅里放入碾成粉末状的咖啡豆。他将它们浸入开水中煮,一句话也没有说。

女儿呷呷嘴,不耐烦地等待着,心里猜测着父亲的想法。大约20分钟后,父亲把火关了,把胡萝卜捞出来放入一个碗内,把鸡蛋捞出来放入另一个碗内,然后又把咖啡舀到一个杯子里。做完这些后,他才转过身问女儿:"亲爱的,你看见什么了?""胡萝卜、鸡蛋、咖啡。"她回答。

父亲让女儿靠近些并让她用手摸摸胡萝卜。她摸了摸,注意到它们变软了。父亲又让女儿拿一只鸡蛋并打破它。将壳剥掉后,她看到了一只煮熟的鸡蛋。最后,他让她喝了咖啡。品尝到香浓的咖啡,女儿笑了。她小心翼翼地问道:"父亲,这意味着什么?"

父亲解释说,这三样东西面临同样的逆境——煮沸的开水,但其反应各不相同:胡萝卜入锅之前是强壮的、结实的,毫不示弱,但进入开水之后,它变软了,变弱了;鸡蛋原来是易碎的,它薄薄的外壳保护着它呈液体的内脏,但是经开水一煮,它的内脏变硬了;而粉状咖啡豆则很独特,进入沸水之后,它们倒改变了水。"哪个是你呢?"他问女儿,"当逆境找上门来时,你该如何反应?你是胡萝卜,是鸡蛋,还是咖啡豆?"

你呢?我的朋友。你是看似强硬,但遭遇痛苦和逆境后畏缩了,变软弱了,失去了力量的胡萝卜吗?你是内心原本可塑的鸡蛋吗?你先是个性情不定的人,但经过各种磨难,是不是变得坚强了?你的外壳看似从前,但你是不是因有了坚强的性格和内心而变得强硬了?或者你像是咖啡豆,改变了给它带来痛苦的开水,并在达到高温时散发出最佳的香味。水最烫时,它的味道反倒更好了?如果你像咖啡豆,你会在情况最糟糕时,变得更有出息,使周围的情况变得更好。

当逆境找上门来时,你是胡萝卜,是鸡蛋,还是咖啡豆?

上苍赐予了每一个人像土地一样的苦难,有人悲观地刨开一个土坑,作为安放灵魂的坟墓;有人勤劳地耕种,坚强地维持自己的生命;有人乐观地发掘,源源不断生产出永不枯竭的热能。面对一样的苦难,不同的生活态度,造就不同的生活。

第八章

提示

当成功之箭偏离靶心

美国著名作家海明威说,一个人可以被摧毁,但不能被击败。成与败是常有之事,不要因一次失败就放弃你原来决心达到的目的,同样也不要因一次成功而沾沾自喜,裹足不前。不要害怕失败,将失败当作一种财富,积累的失败越多,成功越有价值。

最后一名抵达终点的选手

佚 名

这是墨西哥的一个夜晚，一场奥运马拉松比赛结束了。得胜者已经领过奖杯，欢庆胜利的典礼已经结束。体育场上空无一人，四周一片漆黑寂静。

然而，就在这时，一个身影吃力地跑了进来，他就是坦桑尼亚的奥运马拉松选手艾克瓦里，也是最后一名抵达终点的选手。

他的双腿沾满血污，绑着绷带，努力地绕着体育场跑完了一圈，到达了终点。没有鲜花，没有掌声，只有他一个人孤零零地站在体育场上。

这一切，被一个电影制作人看在了眼里。他好奇地走了过来，问艾克瓦里："你为什么还要这么吃力地跑到终点？"

这位年轻人用微弱的声音回答说："我的国家从两万多公里之外，把我送到这里来，不是叫我在这场比赛中逃跑的，而是派我来完成这场比赛的。"

无论多大的失败，也不过是人生中的一次经历而已。因此，成功时不要过分炫耀，失败时也不要过分悲观，在人生这部雄浑的交响曲中，失败只是人生的一个音符。坚持有可能失败，但不坚持便是最大的失败。

沈从文失败的第一课

佚 名

1928年，著名散文家沈从文被当时任中国公学校长的胡适聘为该校讲师。沈从文时年才26岁，学历只是小学文化，闯入十里洋场的上海为时不长，即以一手灵气飘逸的散文而震惊文坛，当时已颇有名气。

但是，名气不是胆气，在他第一次走上讲台的时候，除原班学生外，慕名而来听课的人很多。面对台下满堂坐着的渴盼知识的学子,这位大作家整整呆了 10 分钟,一句话也说不出来。后来开始讲课了,而原先准备好的要讲授一个课时的内容,被他三下五除二 10 分钟就讲完了,离下课时间还早呢!但他没有天南海北地瞎扯来硬撑"面子",而是老老实实拿起粉笔在黑板上写道:"今天我是第一次上课,人很多,我害怕了。"

于是,这老实得可爱的"坦言失败",引得全场爆发出一阵善意的欢笑……胡适知道后,在评价这次讲课时,对沈从文的坦言与直率,认为是"成功"了!

阳光悟语

坦然面对失败,当然不是随机应变的智慧,但它具有比智慧更加诱人的魅力。有些场面凭借随机应变的智慧可能难以收场,但是坦然地面对,却可能轻而易举地将问题解决。

伤痕苹果

佚 名

吉姆是新墨西哥州高原上的果农。他和商家约定,每年由他将苹果装好,邮递给商家。

然而一年冬天,一场大冰雹袭击了高原,吉姆的苹果被打得伤痕累累。这可怎么办?吉姆发了愁,卖不出苹果就意味着农场要破产,但这样的苹果即使运了出去也可能被退货。

很快,吉姆发现了被冰雹袭击过的苹果的优点:虽然外表难看,但吃起来却比以往的更甜、更脆。他灵机一动,决定冒险试一下。

与往年一样,吉姆把苹果装好箱,不同的是,这年他在每个子箱上多附了一张纸条,上面写道:"因为冰雹,这次的苹果表皮上有些伤痕,但请不要介意,这是它们在高原上生活过的证据。这些苹果经受了高原风暴的考验,肉质更为结实,而且蕴含着一种独特的高原风味。"

出于好奇,顾客们都挑了这种苹果品尝,味道果然更好。大家毫不犹豫地进行抢购,伤痕苹果很快售了个精光。

经历风雨也是人生的一笔财富。布瑞杰说:"中文的'危机'分为两个字,一个意味着危险,另外一个意味着机会。"吉姆正是认识到了这一点,才把本来已经是很坏的结果变成了创造财富的机会。

![阳光悟语]

任何事物都具备两面性,所有的危险、困难本身也都有值得仔细推敲的"另一面",而这"另一面"就是发现机会的转折点。西方有句俗语:"上天为你关上一扇门,一定会为你打开了一扇窗。"因此,为人处世不要一味认为只有"门"才是出路,遇到困难和危险时要懂得去找那扇暗藏着的"窗"。不要在所涉入的危险中困死,而应当把精力集中在寻找机会上。

失败产品陈列馆

佚 名

在美国,有一名收藏家名叫诺曼·沃特。他看到众多收藏家为收购名贵物品而不惜千金,灵机一动:为什么不收藏一些劣质画呢?

于是,他收购了两种劣质画:一种是名家的"失常之作",另一种是价格低于5美元的无名人士的画。没多久,他便收藏了两百多幅劣质画。

1974年,他在报纸上刊登广告,声称要举办首届"劣画大展",目的是让年轻人在比较中学会鉴别,从而发现好画与名画的真正价值。

人们争先恐后地参观,有的甚至从外地赶来。出乎人们的意料,这次画展办得非常成功。

还有一个与"劣画大展"很相似的展览,就是"失败产品陈列馆"。

美国有一家市场情报服务公司,其经理罗伯特酷爱收藏,共收集了75万件"失败产品"。后来,罗伯特试着创办了一个"失败产品陈列馆"。这个陈列馆把许多企业和个人费尽心机研制的,又因种种原因失败的产品展示出来。

参观的人络绎不绝,罗伯特取得了意想不到的成功。

成功与失败虽然是一对矛盾体,但是二者可以相互转化。失败了,你可能会失望,但也收获了经验,经验就是财富。成功的人往往能从失败中吸取教训,找出另一条通向成功的路。

失败了也能笑出来

佚 名

在日本,有一位企业老总,他把每个月末召开的工作例会取名为"快乐例会"。在具体检查和布置工作之前,他要求各部门经理用 3 分钟时间向大家汇报一下本月最快乐的事情。而他总是带头把快乐传给大家,引得全场上下哈哈大笑。这位老总就是日本当时最大的零售集团"八佰伴"公司总裁和田一夫。

"八佰伴"曾经一夜之间跌入低谷,当时和田一夫已是 72 岁的老人了。和田一夫并没有因"八佰伴"的倒闭而丧失自己心中的信念和快乐。他和几个年轻人合作,开办了一家网络咨询公司。面对新的行业,他充满了自信,脸上始终绽放着微笑。他的快乐、热情和积极的人生态度,终于感动了顾客,没过多久他又把生意做得红红火火,做出了人生的又一片"艳阳天"。

有记者问和田一夫,为什么能在如此短的时间内反败为胜、东山再起? 和田一夫快乐地答道:"因为失败了,我也能笑出来!"

"失败了也能笑出来。"无论在什么情况下,哪怕是受到致命的打击,如果也能像和田一夫那样,坚持地"笑"下去,快乐地"笑"下去,那么,这生命中的阳光,终会催开人生成功的花朵。

拥有积极乐观的人生态度是和田一夫反败为胜的秘诀之一。失败了也能笑出来的人不会掉进人生的泥淖,被失败的阴影笼罩,他们懂得与其黯然神伤、自甘沉沦,不如笑对人生、奋勇进取。

没有失败,只有暂时还未成功

佚　名

美国一位伟大的大学篮球教练,执教一支实力很差、因为刚刚连输 10 场比赛而开除了前任教练的大学球队。这位教练给队员灌输的观念是:"过去不等于未来""没有失败,只有暂时还未成功""过去的失败不算什么,这次是全新的开始"。

当第十一场比赛打到中场时,该队又落后了 30 分。休息时每个球员都垂头丧气。教练问道:"你们要放弃吗?"球员嘴巴上讲不放弃,可肢体动作表明他们已经承认失败了。

于是,教练就开始问问题:"各位,假如今天是迈克尔·乔丹遇到连输 10 场的情况,乔丹会放弃吗?"

球员答道:"他不会放弃。"

教练又问:"假如今天是拳王阿里被打得鼻青脸肿,但在钟声还没响起、比赛还没有结束的情况下,他会不会选择放弃?"

球员答道:"不会。"

"假如美国发明大王爱迪生来打篮球,他遇到这种情况会不会放弃?"

球员答道:"不会。"

接着,教练问他们第四个问题:"米勒会不会放弃?"

这时全场非常安静,有人举手问:"米勒是什么人物,怎么连听都没听说过？"

教练带着一个淡淡的微笑道："这个问题问得非常好，因为米勒在以前比赛的时候选择了放弃，所以你们从来就没有听说过他的名字！"

在通往成功的路上，如果我们选择中途放弃，就肯定不会成功。那些成功的人，肯定不会在中途选择放弃，因为，只要坚持下去，就会有希望，只要有希望，就会有成功；而如果你在中途选择放弃，那你只会有一个半途而废的结局，更别提什么希望和成功了。

王者之风

佚 名

最近，森林中的动物代表猴子很伤脑筋，因为现在森林里有三只狮子，他们都非常凶猛。到底该选谁为王呢？虽然经过多次比赛，但每次三只狮子都以平局告终。所以不得不再次召开全体动物会议，因为毕竟同一座森林中不可能同时有三个林中之王。

在动物们开会的同时，那三只狮子也正在一起商议："其他动物难以裁决是有道理的，因为我们是朋友，谁也不想拼个你死我活。现在我们该怎么办呢？"

动物们经过激烈的讨论之后作出决定：再进行一次爬山比赛。他们三个，谁第一个登上山顶谁就为王。

所有的动物都来到了比赛现场，准备就绪后，比赛马上开始了。枪声一响，三只狮子都迅速地向山上爬去。第一只狮子开始爬得很快，不一会儿他就遥遥领先了。可是刚爬到一半，他就爬不动了，只好下山来了。第二只狮子也不甘落后，从比赛一开始，他就紧紧跟在第一只狮子的后面。很可惜，他也刚爬到一半就下山了。第三只狮子也拼命往上爬，但是山实在是太高了，尽管他用尽了全力，还是没能登上山顶。这下，动物们更加一筹莫展了，他们议论纷纷，还是不能决定到底该选谁为王。

"我知道应该拜谁为王。"大家立刻都安静下来，顺着声音一看，原来是那只德高望重的老鹰发言了，"他们三个爬山的时候，我正在天上飞翔，他们对大山说的话，我全听到了。第一只狮子下山时说：'我还是知难而退吧。'第二只狮子也说：'还是适可而止好。'只有第三只狮子说：'大山，你现在暂时赢了，但是你不能再长高了，而我还在继续成长。等过一段时间，我一定会征服你的。'虽然三只狮子都没有爬上山顶，但第三只狮子有王者之风，因为在失败时，他没有灰心丧气。虽然困难很大，但他的精神远远凌驾于困难之上，只有他配称狮王，也只有他才配做百兽之王。"

在一片欢呼声中，第三只狮子被拜为林中之王。

在生活中，我们常常会遇到困难。但我们更应该想到：大山再高也有顶，困难再大也有限；而我们的力量却在不断地增强，我们的潜力是无限的。只要我们有不服输的精神，那么总有一天，困难会向我们低头。

俗话说："困难是弹簧，你弱它就强。"面对困难，永不妥协，你就一定能成为强者。

当成功之箭偏离靶心

孙 丽

有一个大学生，一直热爱画画。大学毕业后，他出国留学继续深造。可是，在国外的生活太拮据了，读书之余，他还要靠打工赚取生活费。

后来，有人介绍了一份工作给他，就是帮宾馆修剪草坪。这个工作和画画可是大相径庭，不仅需要一把好体力，而且剪草坪的剪子还会把手磨得粗糙不堪。

起初他很不情愿，因为他的梦想是当一名油画家而不是草坪工人。

但现实是不能由自己的意愿决定的,所以他只好一次次地去到宾馆外面,对着草坪和灌木,不断地重复着单调的工作。

在国外的 3 年时间里,他就这样一直靠帮各种宾馆修剪草坪谋生。渐渐地他发现,修剪草坪也并非总是那么枯燥。比如说,有一天,他不小心铲坏了一块草皮,他想了想,就把这块草坪修成了一幅画的样子,竟得到了人们的全力赞赏,他的薪酬也因此增加了一倍。

慢慢地,他开始喜欢修草坪这个工作了。后来,因为请他修剪草坪的宾馆太多,他不得不雇用了另外一些人,再后来,他有了自己的小店。3 年以后,他成立了自己的公司,这是一家专门帮人设计修剪草坪画的公司。

如果当年他一味地热爱美术,专心油画,而不去做其他工作,也许过不了多久就会坐吃山空,而所学的功课也会半途而废。可是,成功之箭偏了那么一点点,它没有射中美术这个靶心,却射中了草坪公司的靶心。

其实,很多时候,成功之箭射中的都是另外的靶心。

阳光悟语

在追求成功的道路上我们总会遇到许许多多岔路口。有人说,不要在这些路口徘徊留恋,因为这会妨碍你直奔成功的终点。其实,这些岔路里风景也毫不逊色,甚至别有洞天。在追求成功的时候不要因为一再赶路而错过沿途美丽的风景。当生活的小插曲发生在这些岔路上时,不要埋怨,不要灰心失望,用心耕耘,那也会是一片播种成功的沃土。

第九章

当石头有了理想

　　人生是从树立理想开始的，理想是指路的明灯。人如果没有理想，就没有坚定的方向；没有方向，就没有生活。实现理想是从设定目标开始的。人生重要的事情就是设定一个伟大的目标，并决心实现它。只要一个人心中还有理想和目标，他就不会倒下，不会绝望，不会老。

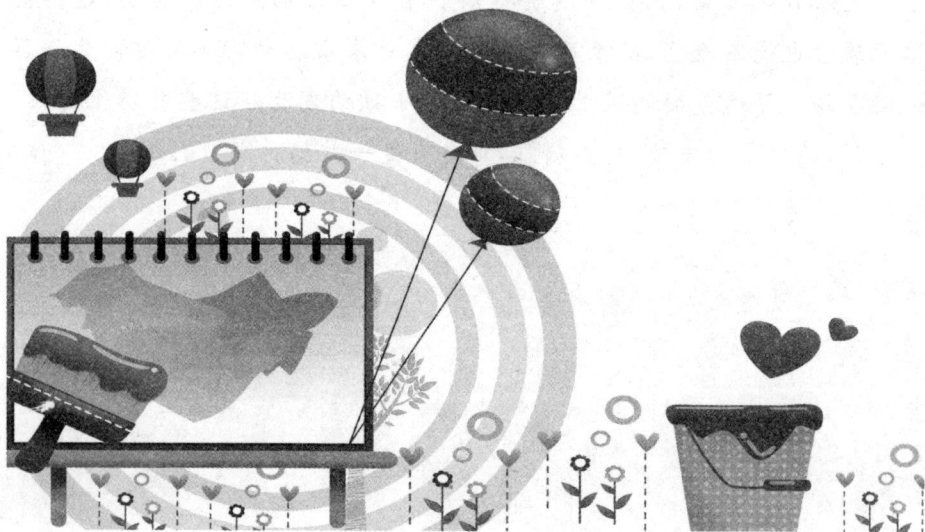

时钟滴答摆一下

佚 名

两只老钟已经忙活了一辈子。

有一天，一只老钟对一只小钟说："你一年里要摆31536000下。"

小钟吓坏了，说："哇！这么多，这怎么可能？我怎么能完成那么多下呢？"

这时候，另一只老钟笑着说："不用怕，你只需一秒钟摆一下，每一秒坚持下来就可以了。"

小钟高兴了，想着：一秒钟摆一下好像并不难啊，试试看吧。果然，它很轻松地就摆了一下。

不知不觉一年过去了，小钟果然已经摆了31536000下！

理想之所以高远是因为与现实的距离太大，但我们不能因此就放弃它。给理想分期制定小目标，一一完成就可以了。

雪盲症的起因

佚 名

在雪地里行走是一件非常危险的事情，它极容易使人患上雪盲症，看不见路线以致迷失行进的方向。于是有很多人以为是因为雪地反射的阳光过于强烈而导致失明，其实不然，强烈的光线只是会对眼睛造成伤害，雪盲症并非由此引起。所以，戴上墨镜同样会出现雪盲症。

美国的一个权威部门研究得出，引发雪盲症的主要因素是雪地里空无一物。科学家曾验证过，人的眼睛其实总是在不知疲倦地探索周围的世界，从一个落点到另一个落点，要是长时间连续搜索而找不到任何一个落点，它就会因为紧张而失明。

美国陆军依此找出了对付雪盲症的办法——他们派先驱部队提前在行军路线上插上颜色较深的旗帜。这样，一望无垠的白雪中，便出现了一个个醒目的标志，人搜索的目光就有了落点，就不会因为长时间的空白引起视神经紧张，而导致失明了。

视野里单调没有目标会引起雪盲症，人生也是一样。人生如果没有目标和理想就是可怕的，不要让生命空白，及早寻找目标吧！

楚王学箭

佚 名

楚王从养叔那里学得一手好箭，便立即出去打猎，想试试自己的箭术如何。

他带着手下来到野外，让人把躲在芦苇丛中的野鸭子赶出来。"哗啦啦"飞出来好些野鸭子，楚王搭箭欲射，忽然从他的左前方跳出一只山羊。

楚王想，射中一只山羊比射一只野鸭子要划算多了。于是，他就把箭头对准了山羊。

可就在他正准备射山羊时，又从右边跳出来一只梅花鹿。楚王又想，梅花鹿多罕见啊，山羊怎能跟它比呢！于是他又把箭头对准了梅花鹿。

谁知楚王正欲放箭射杀梅花鹿时，却看见前方的树林里一只苍鹰振翅飞向空中。楚王又想射苍鹰。等到他要瞄准苍鹰时，苍鹰已经迅速地飞走了。他只好回头来射梅花鹿，可是梅花鹿也逃走了。他又找山羊，山羊早就不知道跑到哪里去了，连那一群野鸭子都无影无踪了。

楚王拿着弓箭比画了半天,却什么也没有射着。

一个人有了目标,就应该坚持到底。真正的失败只有一种,那就是半途而废。每个人对于理想都应该专一,而不能够朝秦暮楚,要有恒心、有毅力。

渔夫·愚夫

佚 名

古时有个渔夫,是出海打鱼的好手。可他却有一个不好的习惯,就是爱立誓言。即使誓言不符合实际,他也宁可将错就错,九头牛也拉不回来。

这年春天,渔夫听说市面上墨鱼的价格最高,于是便立下誓言:这次出海只捕捞墨鱼。但这一次鱼汛所遇到的全是螃蟹,他只能空手而归。回到岸上后,他才得知现在市面上螃蟹的价格最高。渔夫后悔不已,发誓下一次出海一定只打螃蟹。

第二次出海,他把注意力全放在螃蟹上,可这一次遇到的却全是墨鱼。不用说,他又只能空手而归了。晚上渔夫抱着饥饿难忍的肚子躺在床上十分懊悔。他发誓下次出海,无论遇到螃蟹还是墨鱼,他都要去捕捞。

第三次出海后,渔夫严格按照自己的誓言去捕捞,可这一次墨鱼和螃蟹他都没见到,见到的只是些马鲛鱼。于是,渔夫再一次空手而归……

渔夫没赶得上第四次出海,他已在自己的誓言中饥寒交迫地死去。

许多时候,目标与现实之间,往往有一定的距离,我们必须学会随时去调整。无论如何,人不应该为不切实际的誓言和愿望活着。

如果理想脱离现实，就要及时调整，否则就会像渔夫一样忙碌一生却全无收获。有的人把自己"吊死在一棵树上"，眼光只盯着空泛的目标，不懂得变通，实在是可笑之极。

奇特行动

佚　名

托雷泰是西班牙的贫困地区，哈伊曼就是这个小城的一个经纪人。哈伊曼头脑灵活，口才又好，他一直在为家乡面貌的改变做着努力。7年前哈伊曼开始了他的"奇特行动"：将自己感兴趣又能为家乡办实事的人请到自己的事务所，为他擦皮鞋，以便跟他谈天说地，交朋友，做生意。由于哈伊曼真诚热情，很少有人拒绝他的邀请。

随着哈伊曼眼光的开阔，他逐渐觉得托雷泰小城的发展空间太小，于是他决定去首都闯天下。他曾严肃地说："擦皮鞋并不像有些人认为的那样是低贱的事情。我只看着我感兴趣的人的皮鞋，慢慢地做总要半个多钟头，同时了解对方更多的信息。虽然擦皮鞋是不收费的，但我交了不少朋友，我家乡的生意也做了一笔又一笔。"

正如哈伊曼所说，他选择谈话的对象确实是有的放矢的。一次，哈伊曼在报上看到一位正在闹丑闻的大银行家的报道，于是决定给他打电话。哈伊曼说明用意后，银行家哈哈大笑，有点不屑地说："那你就来我家擦皮鞋吧！"

哈伊曼如约去了那个银行家居住的马德里高级住宅区。银行家已吩咐家人将未擦的皮鞋排成一排放在房门口，哈伊曼见状不卑不亢地对主人说："不，你的脚上只有一双皮鞋。我来这里不是擦鞋赚钱，而是为了跟你聊聊天。"

银行家很诧异,不过他并没有生气,而是很好奇地和哈伊曼交谈起来。后来,通过哈伊曼的努力,在托雷泰很快出现了一个小型企业,给几十个失业者提供了就业的机会。

生命对有追求的人来说是辉煌而精彩的,对无聊的人来说是漫长而无趣的。有些人为实现理想奔波劳碌,有些人被安逸生活冲昏了头脑。可想而知,上天会偏袒那些有理想有抱负的人,并给他们颁发荣誉奖杯——成功者。

珍爱梦想

佚　名

比尔·克利亚是美国犹他州的一个中学教师。有一次,他给学生们布置了作业,要求学生们以"未来的梦想"为题写一篇作文。

一个名叫蒙迪·罗伯特的孩子,兴高采烈地写下了自己的梦想:他梦想长大后能拥有一个一流的牧马场。他在作文里将牧马场描述得很详尽,还画下了一幅占地200英亩的牧场示意图,其中有马厩、跑道和种植园,还有房屋建筑和室内平面设计图。

第二天,他自豪地将这份作业交给了比尔·克利亚老师。然而批改作业的时候,比尔·克利亚老师在第一页的右上角写下了一个大大的"F"(差),并让蒙迪·罗伯特到办公室去找他。

在办公室里,比尔·克利亚打量了一下站在眼前的毛头小伙子,认真地说:"蒙迪·罗伯特,我承认你这份作业做得很认真,但是你的梦想离现实太远,太不切合实际了。"

蒙迪·罗伯特低着头，没有辩解，但一直珍藏着那份作业。正是在那份作业的鼓励下，他一步一个脚印地不断前进在实现梦想的创业征程上。多年以后，蒙迪·罗伯特终于如愿以偿。

正所谓无巧不成书，十几年过去了，比尔·克利亚老师带领他的学生们参观一个一流的牧马场。牧马场的主人极其热情地接待了前来参观的全体师生。比尔·克利亚老师没有想到牧马场的主人不是别人，正是自己当年的学生蒙迪·罗伯特，更没想到那份作业还被珍藏着。

比尔·克利亚老师流下了既高兴又忏悔的泪水，庄重地对蒙迪·罗伯特也对参观的同学们说："现在我明白了。当时我就像一个偷窃梦想的小偷，偷窃走了很多孩子的美好梦想。但是，蒙迪·罗伯特依靠坚韧不拔的努力，终于实现了自己的梦想！现在，我希望所有的同学，都要展开梦想的翅膀，用梦想挽起明天，拥抱生活的灿烂！"

梦想真的可以被偷窃吗？如果我们能像蒙迪一样珍爱自己的梦想，以坚忍的毅力坚守梦想，它就不会失去，直到它被实现的那一天。坚守梦想是一个很长的过程，一开始是不切实际的。但它是一种希望，一种可能性。只有真正的勇敢者才能将这种可能变成现实，而其他人的梦想，早早地就凋落了。

执着的小男孩

佚　名

一个小男孩生长在旧金山贫民区，因为从小营养不良而患有骨质疏松症，导致他在6岁时双腿变形，小腿更是连肌肉都萎缩了。然而在他幼小的心灵中一直藏着一个除了他自己没人相信会实现的梦——那就是有一天他要成为美式橄榄球的全能球员。

他对球王吉姆·布朗很是着迷,每当吉姆在旧金山参加比赛时,双腿的不便就被这个男孩抛在脑后,他很早就一跛一拐地到球场去为偶像助威呐喊。由于他穷得买不起票,所以只有等到全场比赛快结束时,他才能从工作人员打开的大门溜进去,欣赏最后剩下的几分钟。

在他13岁那年,有一次他看完比赛之后,在一家小商店里终于亲眼看见了心中的偶像,那是他梦寐以求的珍贵时刻。他大大方方地走到这位大明星的跟前,朗声说道:"布朗先生,我是你最忠实的球迷!"

吉姆·布朗和气地向他说了声谢谢。这个小男孩接着又说道:"布朗先生,你知道这样一件事吗?"

"小朋友,请问是什么事呢?"吉姆转过身来说。

男孩一副自若的神态说道:"我记得你所创下的每一项纪录,以及每一次的布阵。"

吉姆·布朗十分开心有这样的球迷,他笑着说:"你可真厉害呀。"

这时小男孩挺了挺胸膛,眼睛闪烁着光芒,充满自信地说道:"布朗先生,有一天我要打破你所创下的每一项纪录!"

这位橄榄球明星微笑着听完小男孩的话后,对他说:"你的理想真不简单啊!你叫什么名字?"

小男孩得意地笑了,说:"布朗先生,我的名字叫奥伦索·辛普森,大家都管我叫O.J.。"

小男孩当年的话并不是空话,日后,这些话都变成了现实,他后来的确在美式橄榄球场上打破了吉姆·布朗的所有纪录,还创下新的历史纪录。

阳光悟语

悲观的人,先被自己打败,然后才被生活打败;乐观的人,先战胜自己,然后才战胜生活。生活中,最大的敌人不是别人,而是你自己。只有首先打败自己,你才有可能打败别人。

把梦想坚持一百年

张宏涛

恐怕很多人都已经记不清自己儿时的梦想了吧?但有个女孩却一直坚持着自己儿时要做世界冠军的梦。为此,她每天都早早起床跑步,课余时间除了帮父母做家务就是参加各种体育活动。

后来,她不得不忙于学业;再后来,她又结婚、生子;然后要照顾孩子。孩子长大后,婆婆又瘫痪了,她又要照看婆婆。接下来,她又要照顾孙子……转眼间,她已经60岁了。总算没有什么可以让她分心的事情了,她又开始锻炼身体,想实现童年的梦想。她的丈夫开始总是笑她,说他没见过一个60岁的人还能当冠军的。后来丈夫却被她的执着感动,开始全力支持她,并陪她一起锻炼。3年后,她参加了一项老年组的长跑比赛。本来就要实现她的冠军梦了,谁知就在她即将到达终点的时候,不小心摔了一跤,她的手臂和脚踝都受伤了。与冠军失之交臂的她痛惜不已。等伤好了,医生却警告她,以后不适合再参加长跑比赛了。她沮丧极了。难道冠军梦就永远也实现不了了吗?这时,丈夫鼓励她说:“冠军有很多种,你做不了长跑比赛的冠军,可以做别的项目的冠军啊。”从此,她开始练习推铅球。

允许老年人参加的比赛并不多。7年后,她才等到了机会。她报名参加了国外一场按年龄分组的铅球比赛。但就在出国前夕,丈夫突然病倒了。她放弃了比赛的机会,在丈夫最后的时光里,一直陪伴在他身边。

30年后,世界大师锦标赛终于在她的家乡举办了。来自全世界95个国家和地区的28292名运动健将参加了这届全球规模最大的体育赛事。当时的她已经年过百岁。

那一天是 2009 年 10 月 10 日,阳光明媚。她走上赛场后,举重若轻地捡起 7 公斤多重的铅球放在肩头、深呼吸,然后用力一推,铅球飞出 4 米多远。这一整套流畅的动作让现场的观众们惊呼不已,都纷纷站起来给她鼓掌。她也凭此一举夺得了世界大师锦标赛女子 100 岁至 104 岁年龄组的铅球冠军。

她就是澳大利亚的百岁老太——鲁思·弗里思,一个将梦想坚持了 100 年的人。

阳光悟语

魔鬼可以阻挡我们实现梦想的脚步,却无法阻挡我们实现梦想的决心。

设计失败

佚 名

一位女孩,她拥有一副像夜莺一样的歌喉,每当她歌唱时,连她养的猫也会静静地趴在地上听她歌唱。她有一个梦想,就是希望长大后成为一位歌手。

但是,她是一个胆小的人,从来不敢到公共场合去演唱。她的父亲曾经带她去过一个酒吧,酒吧是父亲的朋友开的,而且,她演唱的时候是下午,酒吧里的人很少。

她鼓足勇气开始唱了,那是一首英国情歌,歌声像流水一样在酒吧的每一个角落流淌开来。酒吧里的工作人员纷纷把目光聚集到她的身上。她突然胆怯了,慢慢跟不上伴奏音乐。唱到第三节时,她走调了。

工作人员轻轻地笑了,这一切都被她看在眼里。她停止了歌唱,黯然地走下来,看到父亲,她流泪了。

她后来再也不敢唱歌了。

女孩断了当歌手的梦想,考入了浙江的一所大学,学的是历史。

有一年,女孩所在的城市举办业余歌手大奖赛,她的父亲有些不甘心,鼓励女儿参加。可是,女孩仍然没有树立信心。

父亲知道女儿害怕失败,于是问她:"你现在的梦想是什么?"

女孩说:"当一位优秀的历史课老师。"

父亲问:"你不想当歌手了吗?"

女孩说:"不想了。"

父亲说:"那好,你就去参加歌手比赛吧。你唱不好,有人嘲笑你,你的梦想还是历史老师。你唱好了,得了名次,你的梦想仍旧是历史课老师,没有人能阻止你的梦想。"

女孩被父亲说动了。

在上舞台之前,女孩十分紧张。父亲说:"记住,你的梦想不是歌手,而是历史课老师。你要让更多的人知道,未来的历史课老师的歌喉也是那样的好。"

女孩笑了。

女孩在台上唱了,她唱得很轻松,她的歌喉仍然很美妙。她的父亲站在台下,一直用鼓励的目光盯着女儿。

女孩唱罢,台下掌声雷动,现场的观众被她的歌声感染了。

女孩得了业余歌手大赛金奖,她就这样出名了。此后,她参加了许多歌手大奖赛,每次都能拿到奖。由此她进入电视台,成为一家省级电视台的主持人,主持一档"地球村"的节目,天南地北地飞,她的节目成为电视台的招牌节目。

她的人生注定会有很多的精彩。而以前,她的梦想只不过是当一位优秀的历史课老师,安安静静地度过一生。

阳光絮语

理想是一切美好事物的开端,有了理想就有了前进的目标和奋斗的动力。理想就像一座灯塔,为我们指明了方向;又如一潭清泉,给我们注入了活力。要想把理想变成现实,我们还必须脚踏实地地去做。

穷人的理想

程 进

墙的这边住着一个富人,墙的那边住着一个穷人,他们是多年的老邻居。富人家资万贯,住着富丽堂皇的小楼房,吃的是山珍海味。而穷人呢?家徒四壁,夫妻俩靠一点儿薄田艰难度日。

那一年,庄稼收成不好。穷人家好几天没东西可吃了。他们实在熬不下去了,打算向富人讨些剩饭剩菜。他的妻子立即反对:"平时我们与人家根本没有多少来往,现在去向他家讨要,不怕人家笑话你?"

穷人挠挠头说:"他……笑话我?哼,10年前,他还不是与我一样缺吃少穿的。"

穷人来到富人家说明来意,想不到富人没给他剩饭菜,竟给了他一头牛。穷人喜出望外地牵着牛往家走,他想:"原先杰克和我一起要饭,后来在亲戚的帮助下,他经营农场发了家。今天他送给我一头牛,我也可以开农场,我也能发!"

回到家,穷人把自己的计划告诉了妻子,妻子也很高兴。夫妻二人立即行动,搭牛棚、割草、喂牛,忙个不停。没过几天,穷人觉得自己的计划太不现实了,因为牛要吃草,人还得吃饭,这样劳苦的日子何时才能熬到头儿呀?

于是,穷人把牛卖了,又用卖牛的钱买了几只羊。杀了一只,剩下的几只用来生小羊。接下来的几天,穷人夫妇过得很开心——杀的那只羊,让他们大饱口福;而且剩下的几只还小,吃得也不多,他们不必天天去割草。

可是,好景不长。羊肉很快吃光了,草料也吃没了,小羊却迟迟没有生出来,日子又艰难了。夫妻俩一合计,留得青山有柴烧,保命要紧。于是卖了羊,买来几只鸡,让鸡生蛋赚钱。这样一来,日子确实宽裕了,他们不仅有了买鸡粮的钱,还能改善一下自己的伙食。

半个多月过去了,鸡还没能下蛋,穷人的日子又没法维持下去了,他当机立断,杀鸡度日。一只、两只……渐渐地,鸡被杀光了,穷人的计划也随之破灭了,夫妻二人又开始靠那点儿薄田艰难度日。

穷人得到了一头牛,于是开始了他的发家之路。但是最终计划破灭,他贫困如初。这并非命运如此,而是穷人自己造成的。他只顾眼前利益,贪图眼前的安逸,把牛换成羊,又把羊换成鸡,最后为了度日竟杀掉了鸡。

所以,人不能只顾眼前,而应该把目光放得长远一些,就像我们不能光顾着玩,而把作业放在一边,也不能为了一饱口福,而暴饮暴食一样。

哥伦布的梦想

远山枫叶

有一天,一位迷恋大海的小男孩正在翻箱倒柜地寻找一本书,那本书是爸爸的,那里面有如何制作轮船模型的知识。

书架上没有,床头柜上也没有。万般无奈之下,他只得像一只小猫似的,钻进了父母的那张双人床下。床下面真是糟糕,不仅有灰尘,还结了蜘蛛网呢。总算没有白白浪费时间,他虽然没有找到那本关于船的书,却找到了一本《马可·波罗游记》,里面的许多情节深深地吸引着他。他一遍又一遍地读着,简直着了魔。书中说整个地球是圆形的。于是他大胆地设想,一直向西航行也许可以到达东方的国家。

24岁时,他移居到西班牙,向国王建议探索西行通往东方的海上航路。经过艰苦的游说,他最终得到了国王的帮助。那天清晨,他带领着87名水手,驾驶着3艘破旧的帆船,向蔚蓝色的大西洋进发。当时大多数人认为地球是一个扁平的大盘子,在茫茫无际的大西洋上一直向西航行,等待他们的究竟是怎样的命运呢?

海上的航行生活十分单调而乏味。天接着水,水连着天,水天一色,横无际涯。在浩瀚的大海中,人是那么单薄、渺小。就这样,他们向西,再向西,一天又一天地漂泊着,一周又一周地漂泊着。1个月后,帆船驶入大西洋的腹地。有的水手已经沉不住气了,私下里不断地议论着。

为了减少船员们的恐惧,他偷偷调整了计程工具,每天都要少报一些航行里数。尽管这样,在苦熬了将近2个月之后,还是看不见陆地的影子,而在当时,欧洲人认为2个月是人类航海时间的极限。满面胡茬、衣服被汗水浸透的船员们开始公开抱怨,甚至说这次远航是一次愚蠢的航行。

2个月零6天之后,几乎崩溃的船员们声称如果再继续西行就将策动叛乱。经过激烈的争论,哥伦布向船员们提议:再走3天,3天后如果还看不见陆地,船队就返航。

就在第三天晚上,命运终于出现了转机。海上漂来一根芦苇,有芦苇就说明附近有陆地。一位水手爬上桅杆,果然看到了前面有隐隐约约的火光。次日拂晓,他们在海上航行了2个月零9天之后,终于登上了久违的陆地——美洲巴哈马群岛的华特林岛。

这一天是1492年10月12日。年轻的英雄在这一刻诞生了,他就是克里斯托弗·哥伦布。从那一天起,割裂的世界开始联结在了一起。新航路的开辟,不仅给哥伦布本人和西班牙国王带来了巨大的收益,也加速了世界历史的进程。

时光悟语

美洲大陆是地球上原来就有的,并非哥伦布所创造,他只不过是坐着船往西走,再往西走,碰上了这块大陆而已。其实,无论哪个欧洲人坐船一直向西航行,都会有这项发现。但是在哥伦布之前,欧洲人在大西洋里向西航行的最长时间是2个月,哥伦布只是比他们多航行了9天。

这个事实告诉我们:命运之船在未知迷途中航行时,重要的不是彼岸离我们有多远,而是我们有没有到达彼岸的决心。

当石头有了理想

刘 柳

在法国德龙省,有一座建筑杰作叫"邮递员希瓦勒之理想宫",它是用一位普通的乡村邮递员希瓦勒的名字命名的。

当时,希瓦勒是一位乡村邮递员,每天徒步往返在各个村庄之间。一天,他正在崎岖的山路上行走,突然被一块石头绊倒了。他站起身,本打算把那块石头扔得远远的,却发现它的样子十分奇特。他反复地看着,竟有点爱不释手了。于是,他把那块石头放进了自己的邮包里。村子里的人们看到了,便友好地说:"难道你邮包中的信件还不够重,又装上这么一块沉重的石头?把它扔了吧,你走那么多路,它可是一个不小的负担。"

希瓦勒取出石头,向好心的人们炫耀:"你们看,谁见过这样美丽的石头?"人们都笑了:"这样的石头,山上到处都是,够你捡一辈子的。"说者无意,听者有心。回到家里,希瓦勒不断地重复着"这样的石头,山上到处都是"。突然,他产生了一个念头,如果用这些美丽的石头建造一座城堡,那该多好啊!

从那天起,每天在送信的途中,希瓦勒都会留意脚下的石头,发现好看的就装进邮包。不久,他便收集了一大堆,但要建造城堡还远远不够。后来,他就推着独轮车去送信,只要发现中意的石头,就装上独轮车。渐渐地,随着石头数量的不断增多,希瓦勒也开始忙碌起来。白天他既是一个邮差,又是一个运输石头的苦力;晚上他就成了一个建筑师——按照自己天马行空的想象来建造他自己的城堡。

人们见了,都觉得不可思议,甚至有人认为一定是他的大脑出了问题。

在困难面前,希瓦勒没有止步,他仍旧每天奔走于各个村庄之间,送信的同时捡回自己中意的石头。在人们的劝告和嘲笑面前,希瓦勒也没有放弃,每天晚上,疲惫的他继续建造着。

几十年过去了,在他偏僻的住处,出现了一个错落有致的城堡群,里面既有伊斯兰教清真寺,也有印度教的神殿,有亚当和夏娃,还有耶稣基督,动物植物联系在一起,应有尽有……当地人们都知道这是一个性格偏执、沉默不语的邮差,在做小孩子建筑沙堡的游戏。

1905年,法国一位记者偶然发现了这个城堡群,这里的风景、城堡的建造格局令他慨叹不已,为此他特意写了一篇文章,专门介绍这座"邮递员希瓦勒之理想宫"。文章刊出后,希瓦勒迅速成了新闻人物。许多人都慕名前来参观,连当时最有声望的艺术大师毕加索也专程赶来参观。

现在,"邮递员希瓦勒之理想宫"已成为法国最著名的旅游景点。在城堡的石块上,希瓦勒当年刻下的一些话还清晰可见。

在入口处的一块石头上刻着:"我想知道一块有了愿望的石头能走多远。"据说,这就是当年绊倒希瓦勒的第一块石头。

时光悟语

一名普通的邮差,每天在乡间往返途中不断收集石头,经过多年的努力,终于建造成了自己的理想之宫。

读完这个故事,我们明白了:理想是航灯,指引船舶航行的方向;理想是曙光,照亮夜行者的路;理想是沙漠中的一眼甘泉,让干枯的行者看到生的希望。当一块石头有了理想,它就不再是石头,也不再静卧在泥土之中;它会奋起拼搏,让自己的人生光彩闪亮。

一块石头尚且如此,如果我们也拥有了理想呢?

第十章

提示

成功,从一粒米开始

亚里士多德说:"人的行为总是一再重复。因此,卓越不是单一的举动,而是习惯。"原来,成功不是一蹴而就的,而是由无数的点滴的小事和细节促成的。要成功,就要有坚持不懈的努力;要成功,就要有不怕失败的勇气;要成功,就要有从点滴小事做起的毅力。

懒马的下场

佚 名

农夫养着两匹马,其中一匹马很勤快,另一匹却干什么都偷懒。

一天,农夫要把粮食运到镇上的粮店去卖,便分别用两匹马各拉一辆大车:勤快的马拉着前面的一辆车,虽然大车很沉,但它还是奋力地向前。而后面的马总是走一会儿就停下来不动了。农夫以为后面的马没力气,就把后面大车上的粮食搬了些到前面的车上。

这时候,后面的马迈着轻松的步子对前面的马说:"你看你,很辛苦不是! 使那么大劲儿干吗? 你越努力,人家越是折磨你。你看我现在多舒服呀!"懒马说完哼起了小曲。前面的马没理它,依然很用力地拉着大车。

懒马越来越懒,过了一段时间,农夫把勤快的马拴在家里,只把它牵了出来,懒马心里还喜滋滋地以为主人要带它去遛弯,没想到主人是要带它去屠宰场。回来时,主人腰里多了一包银子。

懒马何其可悲,它用生命的代价换来一个颠扑不破的深刻教训:贪图安逸、开小差给人生种下祸根,只有奋斗才是人生的真正含义。目光短浅的懒马如果早一点儿明白这个道理就好了。

终身勤奋,便成天才——天才欧拉

佚 名

1707年,欧拉出生于瑞士的巴塞尔。他13岁时进入巴塞尔大学;16岁从巴塞尔大学毕业时,他已成为巴塞尔有史以来第一位年轻的硕士;19岁时他写了一篇关于船桅的论文,获得巴黎科学院奖。从此,他的创作热情如江河滔滔,奔腾不息。

1727年,沙皇喀德林一世把欧拉请到了彼得堡。1733年,欧拉任彼得堡科学院教授,时年26岁。长期紧张的、夜以继日的研究工作,加上炎热的气候,给欧拉的健康带来了严重的伤害:他右眼失明了,这时他才28岁。但这个打击并没有动摇他献身科学的志向和决心。

欧拉更加勤奋地工作,即使在不良环境中仍始终如一,他经常抱着孩子,在喧哗声中完成他不朽的论文。

1741年,欧拉应普鲁士腓特烈大帝的邀请,到柏林任柏林科学院物理、数学所所长。他在那里工作了25年,是柏林科学院的创始人之一。

欧拉成为天才的过程就是他终生奋斗不息的过程。顽强不屈的生命力、坚强的毅力、坚持不懈的努力是他一生的写照,令人赞叹和钦佩。

放弃在最后一英里

佚 名

弗洛伦丝·查德威克是世界著名的游泳女将。她因在1950年第一个成功横渡英吉利海峡而闻名于世。两年后,她从卡德林那岛出发游向加利福尼亚海滩,梦想再创一项前无古人的纪录。

那天,海面浓雾弥漫,海水冰冷刺骨。在游了漫长的16个小时之后,她的嘴唇已冻得发紫,全身筋疲力尽,而且一阵阵战栗。她抬头眺望远方,只见眼前雾霭茫茫,仿佛陆地离她还十分遥远。

"现在还看不到海岸,看来这次无法游完全程了。"她这样想着,身体立刻就瘫软下来,甚至连再划一下的力气都没有了。

"把我拖上去吧!"她对陪伴着她的小艇上的人说。

"咬咬牙,再坚持一下,只剩一英里远了。"艇上的人鼓励她。

"别骗我。如果只剩一英里,我应该能看到海岸。把我拖上去,快,把我拖上去!"

于是,浑身瑟瑟发抖的查德威克被拖上了小艇。

小艇开足马力向前驶去。就在她裹紧毛毯喝了一杯热汤的工夫,褐色的海岸线就从浓雾中显现出来,她甚至都能隐隐约约地看到海滩上欢呼等待她的人群。直到此时她才知道,艇上的人并没有骗她,她距终点确确实实只有一英里!

她仰天长叹,懊悔自己没能咬咬牙再坚持一下。

看到希望,能给人力量。但我们在实现理想的过程中,很多时候都是看不到希望的,这时候,就会产生绝望的情绪。而在最困难、最绝望的情况下,也许倒下是一种解脱,或者说是一种诱惑。但越是这种时候,你就越应在心里对自己叫喊:挺住,再坚持一下,再坚持一下!因为只有自己不倒下,才有取胜的可能。

恒心能创造奇迹

佚 名

多年以前,美国曾有一家报纸刊登了一则园艺所重金征求纯白金盏花的启事,高额的奖金让许多人热血沸腾。但在千姿百态的自然界中,金盏花除了金色的,就是棕色的,要想培植出白色的金盏花不是一件容易的事。所以,许多人热血沸腾之后,就把那则启事抛到九霄云外去了。

一晃20年过去了。

一天,那家园艺所意外地收到了一封热情的应征信和一粒纯白金盏花种子。当天,这件事就不胫而走,引起了轩然大波。

寄种子的是一个地地道道的爱花老人。20年前,当她看到那则启事后,便怦然心动。她不顾8个儿女的反对,义无反顾地开始了培植。她撒下了一些最普通的种子,精心侍弄。一年之后,金盏花开了,她从那些金色的、棕色的花中挑选了一朵颜色最淡的,任其自然枯萎,以取得最好的种子。次年,她又把它种下去。然后,再从这些花中挑选出颜色最淡的花种栽种……日复一日,年复一年。

终于,她在 20 年后的这天,在那片花园中看到一朵白色的金盏花。它如银似雪,简直是绝世精品,美丽极了。一个连专家都解决不了的问题,在这位不懂遗传学的老人手中迎刃而解,这真是一个奇迹。

如果在心中埋下一颗希望的种子,就要坚持不懈、持之以恒地努力下去。这样,终有一天,你会迎来属于你的成功。因为,只要你有足够的恒心,就一定能创造奇迹。我们身边的很多人之所以难以取得成功,往往都是因为缺乏足够的恒心。

成功离我们并不遥远

佚 名

闻名世界的美国石油巨头洛克菲勒,原来只是一家石油公司的小职员。而且,他所做的工作是最低档、最机械、最没有创造性的巡视并确认储油罐盖有没有自动焊接好。

他每天都要上千次地注视这种作业,注视到眼睛都快长茧子了,真是枯燥至极。

也许,这项工作如果换成别人来做,他们要不就会很快跳槽,要不就可能一直做到老死在机器旁边。而细心的洛克菲勒却因这项工作而成了大富翁。

有一次,他突然发现石油罐子每旋转一次,焊接剂滴落 39 滴,焊接工作便结束了。

此后,他一直在想:焊接剂能否少一些呢? 如果能将焊接剂减少一两滴,是不是能节省点儿成本?

他开始对这个当时被认为无聊的问题进行了长期的观察和研究。

不久后,他研制出"35 滴型焊接机""36 滴型焊接机"和"37 滴型焊接机"。但经过先后试用,都在焊接后偶尔会漏油,没有获得成功。人们都劝他不要吃饱饭没事干,如果闲着,不如下班后去做兼职。然而洛克菲勒并没有因此而退缩,又研制出了"38 滴型焊接机"。经过试用后,意外地获得成功。不久后,他申请了专利,并找人投资生产出这种新型的节约能源的机器。

洛克菲勒节省的只是一滴焊接剂,但"一滴"却给公司带来了每年上亿美元的利润,这也让他后来终于成了美国著名的石油巨头。

成功,成功,成功! 这件被我们经常挂在嘴边、想在心头的事情,对我们来说似乎很困难、很遥远。但洛克菲勒的故事却告诉我们,成功离我们并不遥远。无论多大的事业都是从小事做起,从最简单、最容易、最微小的事做起,这是每个成功者的必修课。

一生磨一镜

佚 名

在荷兰,有一个刚初中毕业的青年农民,来到一个小镇,找到了一份替镇政府看门的工作。他在这个门卫的岗位上一直工作了 60 多年,一生没有离开过这个小镇,也没有再换过工作。

也许是工作太清闲,自己又太年轻,他得打发时间。他选择了又费时又费工的打磨镜片当作自己的业余爱好。就这样,他磨呀磨,一磨就是 60 多年。他是那样的专注和细致,锲而不舍,他的技术已经超过专业技师了,他磨出的复合镜片的放大倍数,比他们的都要高。借着他研磨的镜片,他终于发现了当时科技尚未知晓的另一个广阔的世界——微生物世界,从此声名大振。只有初中文化的他,被授予了在他看来是高深莫测的巴黎科学院院士的头衔。就连英国女王都到小镇拜会过他。

创造这个奇迹的小人物,就是科学史上鼎鼎大名的、活了 90 岁的荷兰科学家万·列文虎克。他老老实实地把手头上的每一个玻璃片磨好,用尽毕生的心血,致力于每一个平淡无奇的细节的完善,终于在他的细节里看到了自己的成功,科学也在他的细节里看到了自己更广阔的前景。

花开了,无人欣赏;花谢了,无人怜惜。一年一年,一代一代,从古到今的孤独里,幽兰磨炼着自己。孤独渗透了山谷的岩石,孤独渗透了幽兰的枝叶。可是,孤独是陈年的酒,一旦出窖,便是绝代的清幽。世人惊呆了,一见而忘俗。经受住孤独,耐得住寂寞,坚守而坚持,才是事业成功的前提,事业最终才会绽放幽兰之香。

永远都要坐前排

孙 毅

20世纪 30 年代,英国一个不出名的小镇里,有一个叫玛格丽特的小姑娘,她自小就受到严格的家庭教育。父亲经常向她灌输这样的观点:无论做什么事情都要力争一流,永远做在别人前头,而不能落后于人。"即使是坐公共汽车,你也要永远坐在前排。"父亲从来不允许她说"我不能"或者"太难了"之类的话。

对年幼的孩子来说,他的要求可能太高了,但他的教育在以后的年代里被证明是非常宝贵的。正是因为从小就受到父亲的"残酷"教育,才培养了玛格丽特积极向上的决心和信心。在以后的学习、生活或工作中，她时时牢记父亲的教导，总是抱着一往无前的精神和必胜的信念，尽自己最大努力克服一切困难，做好每一件事情，事事必争一流，以自己的行动实践着"永远坐在前排"。

玛格丽特上大学时，学校要求学5年的拉丁文课程。她凭着自己顽强的毅力和拼搏精神，硬是在一年内全部学完了。令人难以置信的是，她的考试成绩竟然名列前茅。

其实，玛格丽特不光是学业上出类拔萃，她在体育、音乐、演讲及学校的其他活动方面也都一直走在前列，是学生中凤毛麟角的佼佼者之一。当年她所在学校的校长评价她说："她无疑是我们建校以来最优秀的学生，她总是雄心勃勃，每件事情都做得很出色。"

正因为如此，40多年以后，英国乃至整个欧洲政坛上才出现一颗耀眼的明星，她就是连续4年当选保守党领袖，并于1979年成为英国第一位女首相，雄踞政坛长达11年之久，被世界政坛誉为"铁娘子"的玛格丽特·撒切尔夫人。

"永远都要坐前排"是一种积极的人生态度，激发你一往无前的勇气和争创一流的精神。在这个世界上，想坐前排的人不少，真正能够坐在"前排"的却总是不多。许多人所以不能坐到"前排"，就是因为他们把"坐在前排"仅仅当成一种人生理想，而没有采取具体行动。那些最终坐到"前排"的人，之所以成功，是因为他们不但有理想，更重要的是他们把理想变成了行动。

一位哲人说过：无论做什么事情，你的态度决定你的高度。撒切尔夫人的父亲对孩子的教育给了我们深刻的启示。

拿破仑曾经说过："不想当将军的士兵不是好士兵。""将军"与"前排"都是一种人生理想，很多人都渴求成就这个梦想，但也有很多人因为

一次次的失败而最终放弃了自己,成就了他人。这不是因为他们不想,而是他们没有勇气再次崛起,他们经不起打击和挫折,甚至因为害怕失败而最终与理想失之交臂。

任何时候都要坚持原则

佚 名

美国前总统乔治·布什是个原则性很强的人,他坚持"一就是一,二就是二"的原则。他认为空军1号就是空军1号,空军2号就是空军2号。"只有总统才能在南草坪上着陆。"

1981年春,当时身为副总统的布什正在飞往外地,乘坐例行公务旅行的飞机"空军2号"。突然布什接到国务卿黑格从华盛顿打来的电话:"出事了,请你尽快返回华盛顿。"几分钟后的一封密电中告知总统里根已中弹,正在华盛顿大学医院的手术室里接受紧急抢救。于是布什下令飞机调头飞向首都华盛顿。

飞机在安德鲁斯着陆前45分钟,布什的空军副官约翰·马西尼中校来到前舱为结束整个行程做准备。飞机缓缓下滑时,马西尼突然想出了个主意,他说:"如果按常规在安德鲁斯降落后,再换乘海军陆战队一架直升机,飞抵副总统住所附近的停机坪着陆,再驾车驶往白宫,要浪费许多宝贵时间。不如直接飞往白宫。"

布什考虑了一下,决定放弃这个紧急到达的计划,仍按常规行事。

"我们到达时,市区交通正处高峰时期,"马西尼提醒道,"街道上的交通很拥挤,坐车到白宫要多花10～15分钟的时间。"

"也许是这样,但是我们必须这样做。"

马西尼点点头:"是的,先生。"说着他走向舱门。

看到马西尼中校显得疑惑不解,布什解释道:"约翰中校,只有总统才能在南草坪上着陆。"布什坚持着这条原则:美国只能有一个总统,副总统不是总统。

布什认为：总统与副总统之间建立在相互信任基础上的相互尊重，是成就一个成功的副总统的最重要的条件。

山的智慧在于坚守，在不变中成就巍峨；水的智慧在于变通，遇石则分，遇瀑则合，遇寒则冰，遇暖则融，在变化中求生存。人的智慧在于该坚守时必须坚守，该变通时才可变通。必要的坚守原则是有益的，情急中的坚守，更显示一颗忠诚无私的心。坚守是一种执着，是一种挺拔，是一种成功。

成功就是将简单的事情重复做

佚 名

一位著名的推销大师，即将告别他的推销生涯。应行业协会和社会各界的邀请，他在该城最大的体育馆中，作告别职业生涯的演说。

那天，会场座无虚席。在舞台的正中央吊着一个巨大的铁球。那位推销大师——一位老者在人们热烈的掌声中，走了出来，站在铁架的一边。这时两位工作人员，抬着一个大铁锤，放在老者的面前。主持人这时对观众讲："请两位身体强壮的人到台上来。"

好多年轻人站起来，转眼间已有两名动作快的跑到台上。

老者这时开口说："请你们用这个大铁锤，去敲打那个吊着的铁球，直到把它荡起来。"

一个年轻人抢着拿起铁锤，拉开架势，抢起大锤，全力向那吊着的铁球砸去，一声震耳的响声响过之后，那吊球动也没动。另一个人也不示弱，接过大铁锤把吊球砸得叮当响，可是铁球仍旧一动不动。

台下逐渐没了呐喊声，观众好像认定那是没用的，就等着老人作出什么解释。

这时会场恢复了平静。只见老人从上衣口袋里掏出一个小锤，然后认真地面对着那个巨大的铁球。他用小锤对着铁球"咚"地敲了一下，然后停顿一下，再一次用小锤"咚"地敲了一下。人们奇怪地看着，老人就那样"咚"地敲一下，然后停顿一下，持续地做。

10分钟过去了，20分钟过去了，会场早已开始骚动，人们用各种声音发泄着他们的不满。老人仍然一小锤一小锤不停地工作着，他好像根本没有听见人们在喊叫什么。人们开始愤然离去，会场上出现了大块大块的空缺。留下来的人们好像也喊累了，会场渐渐地安静下来。

大概在老人进行到40分钟的时候，坐在前面的一个妇女突然尖叫一声："球动了!"霎时间会场立即鸦雀无声，人们聚精会神地看着那个铁球。那个铁球以很小的摆度动了起来，不仔细看很难察觉。老人仍旧一小锤一小锤地敲着，吊球在老人一锤一锤的敲打中越荡越高，它拉动着那个铁架子"哐、哐"作响，它的巨大威力强烈地震撼着在场的每一个人。

终于场上爆发出一阵阵热烈的掌声。在掌声中，老人转过身来，慢慢地把那把小锤揣进兜里，然后说了一句话："在成功的道路上，你如果没有恒心去赢得成功，那么，就只能用一生的耐心去面对失败。"

阳光悟语

有时候，成功说难不难，说不难也难。说它不难，是因为只要愿意做，人人都能做到；说它难，是因为真正能做到并持之以恒的，终究只是极少数人。而很多成功的实质，就是将简单的事情重复去做，坚持去做，做的过程中，强调的是恒心。恒心，其实就是一种积累，是一个由量变到质变的过程。

诸葛亮拜师

佚　名

诸葛亮13岁那年，因战乱而背井离乡，从此他立志要为消灭豪强、重建统一的国家而奋斗。

读完私塾后，他决心拜当时著名的学者——他的伯父庞德公为师。

庞德公了解了诸葛亮的心愿，淡淡地说了一声："你去山上打柴吧！"然后转身进屋了。

诸葛亮没有多想，转身上山砍柴。尽管他手脚磨出了血泡，可打柴归来，庞德公却连一句表扬的话都没有。

没过多久，诸葛亮第二次向庞德公表白求师的心愿。

庞德公指着门前的一块地，对他说："清明前后，种瓜种豆，你今天替我把这块地犁出来吧。"说罢，他搬了把椅子坐到门外去晒太阳了。

诸葛亮并不会犁地，可他还是非常用心地去做。虽然很辛苦，可聪明的诸葛亮却从劳动中悟出了一个道理，那就是为什么满腹经纶的伯父总是亲自下地种地、注重农业的道理。

接连碰了两次壁，诸葛亮并没有气馁，他又第三次来拜见庞德公。

一进屋，发现庞德公穿着衣服躺在床上睡着了，鞋都没脱。他怕惊动了庞德公，于是恭恭敬敬地站在一边。后来想到这样睡觉容易着凉，于是他上前轻轻地给庞德公盖上被子，又单腿跪在床边慢慢为他脱掉鞋子。

庞德公醒后，见此情景，二话没说，收下了诸葛亮。

后来，庞德公对诸葛亮说："要做我的学生，就得先学会做人。做人和做学问一样，是磨炼出来的。"

经过自己坚持不懈的努力，诸葛亮终于成为一代名人。虽然他统一国家的愿望没实现，但他却为我国西南地区的开发和国家统一做出了卓越的贡献。

时光悟语

要想做成一件事情，必须学会坚持，没有哪个半途而废的人能够获得成功。坚持，考验的是一个人的恒心。也许在坚持的过程中，会碰到许多让我们难以接受的局面，但如果没有这些考验，坚持的意义又从何谈起呢？所以人们常说，坚持就是胜利。

寄居蟹的目标

程 进

沙滩上有一只小蟹,它看到许多动物都有一个温暖的小巢,便决定给自己造一所房子。

于是,小蟹立即规划近期的工作目标,并用脚写在了海滩上:"我要建造一所舒适、宽敞的新房子,高三层。明天,我就开始行动。不达目的,我决不罢休!"

第二天,太阳已经升得老高了,小蟹才睁开了双眼。它慢腾腾地爬到沙滩上一看,昨天写下的工作目标早已被海水冲刷得一干二净。于是,它又重新在沙滩上写下了一行字:"明天我一定要开始建造新房子,高达两层,不达目的,我决不罢休!"

第三天,小蟹写的字又被潮水冲刷得不见踪影了。这时,小蟹想:"从明天开始,我一定要动手建房子,不建楼房,平房也行。不然,我就无家可归了。"那天晚上,小蟹捡到一个破旧的小贝壳,它便爬了进去。

黑夜悄悄离去,太阳又升起来了。躺在小贝壳里的小蟹想:"这个贝壳虽然有点破旧,但还可以暂时居住几日。"那天,小蟹没有从贝壳里爬出来。过了一天,小蟹还没爬出来。又过了一天,小蟹仍旧躲在小贝壳里……时间一长,小蟹把自己定下的目标忘得一干二净。它再没有爬出贝壳,即使走路的时候,它也总是把小贝壳背在身上。

慢慢地,小蟹长成大蟹,生了小蟹……按照习惯,它们各自寻找一个破旧的小贝壳,自己居住在里面,永远都不出来。

后来,人们就把这种蟹称为"寄居蟹"。

沙滩上的小蟹,想造一所房子。最初的目标是三层新房,后来目标一次次降低,但都未能付诸行动,结果连最低的目标也化为泡影,只能在

破旧的贝壳里"寄人篱下"。这与得过且过的寒号鸟多么相似：夜晚天冷时发誓天明建窝，到了暖和的白天却全然忘记昨晚的誓言。

现实中也不乏这样的例子。有些人是言论的巨人，行动的矮子，他们曾给自己定下了这样或那样的目标，却没有脚踏实地去实施，结果一事无成。

目标固然重要，但如果没有实际行动，即使再美好的目标也只是水中月、镜中花。天上掉不下馅饼，世上没有免费的午餐。一个人要想成就一番事业，就必须付出心血和汗水。

加加林的成功之道

佚 名

1961年，"东方"号宇宙飞船在太空遨游了108分钟，加加林成为世界上第一位进入太空的宇航员。时隔45年之后，俄罗斯官方披露，加加林能享受到这一国家荣誉的真正原因，却不同于流行的传统说法。

当时流行的说法是，加加林之所以能击败其他众多候选者，最终赢得飞船里那唯一的位置，是因为他体格强健、心理稳定和坚定的无产者的信念。

据俄罗斯官方透露，加加林的成功源于一个细节。

为了准备人类第一次载人太空飞行，苏联宇航局从1960年3月开始招募宇航员，几十名宇航员幸运地接受了训练，当然，加加林也是其中的一位。

在确定人选前，宇航员们在陈列场内，第一次看到"东方"号宇宙飞船，他们高兴得几乎要跳起来。更让人高兴的是，他们可以进舱试坐。加加林想："这么贵重的一个舱，怎么能穿着鞋进去呢？"于是，进舱门的时候，他脱下了鞋，只穿袜子进了座舱。

加加林的这个动作，一下子赢得了主设计师科罗廖夫的好感。因为他发现在众多的试坐者中，只有加加林一人是这样做的。科罗廖夫想：这个青年人如此规矩，又如此珍爱这座飞船，把飞船交给他，我才放心呀。

在科罗廖夫的推荐下，加加林最终赢得"东方 1 号"飞船里那唯一的位置，赢得了"一步登天"的机遇。

所以有人开玩笑说，成功从脱鞋开始。

细节决定成败，这是现在最流行的说法。

细节只属于细心的人，需要我们用聪慧的双眼去观察，用睿智的心灵去体会。关注那些别人不曾留意的地方，你将会受益无穷。

从一粒米成功

梨园元

"王永庆"这个名字，几乎无人不晓。几十年来，全球化工行业一直把他尊为"经营之神"。但是你知道吗？在创业初期，他做的只是卖米的小本生意。

王永庆早年因家贫读不起书，只好去做买卖。16 岁的他从老家来到嘉义开了一家米店。那时，小小的嘉义已经有近 30 家米店，竞争非常激烈。当时王永庆仅有 200 元的资金，只能在一条偏僻的巷子里租一个很小的铺面。当时，他的米店没有任何优势：开业最晚，规模最小，又没有知名度。所以在刚开张的那段日子里，生意惨淡，门可罗雀。

但是，王永庆没有放弃。他背上米挨家挨户去推销，一天下来，人不仅累得够呛，米也没有卖出多少。试想一下，有谁会买一个陌生小商贩上门推销的米？

怎样才能打开销路呢？经过一番思索，王永庆决定从每一粒米上打开突破口。那时，台湾的农民还处在手工作业阶段，稻谷收割和加工的技术还比较落后，米里很容易掺杂小石子之类的杂物。做饭之前，人们都要淘好几次米,很不方便。但时间长了,大家都已见怪不怪,习以为常。

王永庆却从这司空见惯中找到了切入点。他和弟弟们一齐动手,把夹杂在米里的秕糠、沙石之类的杂物都拣出来,然后再去卖。一时间,小镇上的主妇们都说,王永庆卖的米质量好,省去了淘米的麻烦。这样,一传十,十传百,米店的生意渐渐红火起来。

可是王永庆并没有满足。他又注意到了另一个细节。那时候,顾客都是自己上米店买米,然后再运回家。这对于年轻人来说不算什么,但对那些上了年纪的人,就很不方便了。而且年轻人大多无暇顾及家务,买米的顾客以老年人居多。于是,王永庆主动送米上门。这项服务措施大受欢迎。当时还没有"送货上门"这种说法,王永庆的做法就等于是一项创举。

更令人感动的是,王永庆不仅把米送到顾客家门口,还把米倒进米缸。如果米缸里还有陈米,他就会把陈米倒出来,认真地把米缸擦净,再把新米倒进去,然后将陈米放到上层。这样一来,陈米就不至于因存放过久而变质。

王永庆精细的服务赢得了很多顾客的赞誉,但他并没有满足,而是将服务向更精细化发展。如果给新顾客送米,他就细心记下这户人家米缸的容量,问明家里有多少人吃饭,每人饭量如何。然后据此估计该户人家下次买米的大概时间,到时候,不等顾客上门,他就主动把相应数量的米送到客户家里。

精细、务实的服务,使嘉义人都知道在米市马路尽头的巷子里,有一个卖好米并且送货上门的王永庆。有了知名度后,他的生意更加红火了。经过一年多的资金积累和客户积累,王永庆在最繁华的临街处租了一处比原来大好几倍的房子,里间做碾米厂,临街做铺面。

就这样,从小小的米店生意开始,王永庆逐渐成为台湾首富。

王永庆从经营米店的成功，一步步成为台湾首富、台塑集团掌门人。从中我们可以看出：成功并不一定是完成一件轰轰烈烈、惊天动地的大事，把一粒米这样细小的工作做好同样也是成功，因为伟大的成功源于一个个平凡的、细小的成功。

在日常的学习、生活中，我们也要向王永庆学习，脚踏实地对待每一项工作，无论是简单的还是复杂的。我们应在不断地磨炼、积累过程中，一步步迈向成功。

第十一章

提示

用别人的眼睛看世界

智慧是心灵的鸡汤、头脑的火花,是生命茁壮成长、发光发亮必需的营养品。用智慧的心灵去感受事物,用智慧的头脑去思考问题,我们就能看到和抓住本质的、全面的、长远的、美丽的,克服表象的、片面的、眼前的、丑陋的……

你能送我回家吗

佚 名

深夜,一个年轻漂亮的女孩从公交车上下来,没想到一个抢劫犯盯上了她,并尾随她进了一条偏僻的胡同。

当时胡同中只有他们两人一前一后地走着。抢劫犯紧走几步,追上了这个女孩,伺机动手抢劫。

突然,女孩转过身,以恳切的口气对他说:"天黑人少,我一个人赶路太危险了,很高兴能在这里碰到你,你能护送我回家吗?"

抢劫犯一时没反应过来,只好懵懵懂懂地点头答应了。

一路上,女孩不停地和他聊天,就像对待一位熟识的友人,丝毫没有将他当作歹徒。

这个原本想抢劫的男子,情不自禁地将她送回到了家门口,而始终没有采取任何不轨的行为。

事后,这个男子感叹道:"我原本是想对她打劫的,但她纯洁的言行举止,使我感到自己的肮脏,让我内心深处的人性也得到恢复,从而打消了罪恶的念头。"

阳光悟语

人与人之间最重要的区别就是智慧。智慧不是死的默念,而是生的沉思。在危险面前,有些人能够化险为夷,有些人却任人宰割。其实,生活的智慧就在于遇事多问几个"为什么"。聪明的人能化敌为友,愚蠢的人则永远走不出"败局"。

猎人求救

佚 名

一个猎人上山打猎，不小心迷路了。他在森林里转来转去，偶然间发现了一间小木屋，于是快步走向前去。

正当他暗自庆幸自己有救了时，却发现了另一个让他吃惊的现象：小木屋的屋主是个性格怪僻的隐士。传说他对闯入者都会心怀敌意，完全不理会任何到此造访或是打搅他的人。但迫于饥饿，猎人还是走进了禁地。

怎么办呢？如果不向隐士索取食物，自己很有可能就要死在这荒山野岭。所以要抓住这个机会向隐士求救，可又怎么跟他说呢？

也许，可以用枪迫使隐士就范，劫夺他的食物，但这样事后可能要接受法律的制裁。而且，隐士可能出手夺枪，进而引发枪战。如果猎人射中隐士，他将被控谋杀罪；如果猎人自己被射中，同样是一场悲剧。

猎人没有采用上面的策略，而是采用一种更聪明的办法：只见他走上前轻轻地敲了敲门，等隐士开门后，猎人马上微笑着说："尊敬的先生，我是来这里打猎的，不幸迷了路。"说着，他主动将枪托递给隐士。隐士感到非常惊异，这个来客表达友好的方式太奇怪了，于是默默地将枪收下了。

见隐士没有拒绝自己，猎人赶紧诚恳地请求道："能不能用枪和您换点食物？因为我实在饿得不行了。"

由于武器在自己的手中，隐士感到很安全，同时猎人对自己的尊敬也使他感到很高兴。"进来吧！"他破天荒地邀请猎人进去，并为他准备晚餐。饭后，隐士将枪还给猎人，并指引他走出了森林。

人可以没有金钱，没有地位，但不能没有智慧。智慧就像一位神奇

的魔法师,给我们变幻出五颜六色的生活。处理问题的时候,多动脑筋,换位思考,就会打开尴尬的局面,迎来一片温暖的阳光。

跳出圈子看人

佚 名

一次,柏拉图对老师苏格拉底说:"东格拉底这人不怎么样。"

苏格拉底问:"为什么这么说?"

柏拉图说:"他老是对您的学说横挑鼻子竖挑眼,还说不喜欢您的鼻子。"

苏格拉底笑了笑,说:"可我觉得,他这个人很不错啊。"

柏拉图觉得奇怪,问:"他这么说您,您还觉得他不错,为什么呢?"

苏格拉底说:"第一,他是个孝顺的孩子,对母亲很孝顺,每天都照顾得非常周到;第二,他对他的老师也十分尊敬,从来没有对老师有不敬的行为;第三,他对朋友很真诚,常常当面指出别人的缺点,帮助改正;第四,他对孩子很友善,经常和孩子们在一起做游戏;第五,他有一颗同情心,对穷人充满同情和怜悯。有一次,我亲眼看见,他身上只有一块铜板了,都给了乞丐……"

"可是,他对您却不那么尊敬啊!"柏拉图气愤地说。

"孩子,问题就在这里。"苏格拉底站起身来,慈爱地拍拍柏拉图的肩头说,"如果一个人站在自己的立场上看别人,常常会把人看错。所以,我看人,从来不看他对我怎么样,而看他对别人怎么样。"

阳光悟语

如果只站在自己的角度去看待一个人,从而急于给这个人下结论,未免太过于草率和片面。要真正了解和定义一个人,必须看他的全部,从全方面来考量,这样才是公允和恰如其分的。生活中不缺少动人的风景,缺少的往往是发现的眼睛,只要有一双慧眼,就会发现细节里的诸多动人的情节。

用旧皮鞋做脸谱

佚 名

多明尼奎·博登纳夫是法国一位年轻的企业家、艺术家,他所经营的公司历来都是发展美术业,但一直不够兴旺。

一天,他在徒步回家的路上,突然感到脚下有什么绊了他一下,低头一看,原来是一只破旧的皮鞋。他刚想抬起脚将它踢开,突然发现这只鞋有几分像一张布满皱纹的人脸。一个艺术的灵感刹那间在他脑海里闪现,他如获至宝,赶忙将旧皮鞋拾起,迫不及待地跑回家,将其改头换面,变成了一件有鼻子有眼睛有表情的人像艺术品。

以后,博登纳夫又陆续捡回一些残旧的破皮鞋,经过他那丰富的想象力和神奇的艺术之手再加工,一双双被遗忘的"废物"先后变成了奇妙谐趣的皮鞋脸谱艺术品。后来,博登纳夫在巴黎开设了皮鞋人像艺术馆,引起了轰动,生意也兴隆起来。

创新是走向成功的重要因素,懂得创新的人,往往能出奇制胜。在现实生活中,在许多人不屑一顾的小小事情里,往往都隐藏着能激发我们创新的机会,而这些机会则是成功的契机。当然,要获得成功,得靠用心发掘。博登纳夫的这一成功,无疑就在于他比别人多了一个"艺术"心眼。

没有什么不可能

佚 名

富勒公司是一家化妆品公司。有一次,公司派销售员约翰逊去给黑人推销产品。

黑人因为皮肤黝黑,浑身上下只有牙齿最白,所以对化妆品都不感兴趣。要让黑人妇女喜欢上化妆品，不是一件很容易的事。

怎样才能刺激她们购买化妆品呢？约翰逊想出了一个"先试用再购买"的点子，让顾客先试用一下，感觉好再买，感觉不好就算了。

这是一个可能赔钱的主意。公司冷冷地回复说：不管用什么方法，只要产品能够销售出去就行！

约翰逊很生气，决定自己先干起来再说。他先在黑人居住区的街上摆了一个摊子，自拉自唱地唱了几首歌，吸引了不少黑人来围观。等人多了起来，约翰逊就开始介绍化妆品的功效，并请大家免费试用。

方法虽然老套，收效却很好。黑人妇女们对免费擦胭脂、涂口红产生了极大的兴趣，纷纷试用，不少人听到消息，还特意从远方赶过来呢。

一个月后，试用者们都迷上了化妆品。她们感到已经离不开化妆品了，因为化妆品让她们看起来更年轻更漂亮，谁会不喜欢呢？

约翰逊的方法成功了，后来约翰逊自己的公司居然打败富勒公司而独霸美国黑人化妆品市场。

阳光悟语

现实生活中，我们在解决问题时常会遇到瓶颈，这是由只在同一角度停留造成的。如果能换一换视角，换一个角度考虑问题，走创新之路，情况就会改观，创意就会变得有弹性。记住，任何思想只要能转换视角，就会有新的创意产生。把握创新，方能适者生存。

灵感是一条鱼

佚 名

美国的杰克·巴伦奇是固体清洁剂的发明者。他发明固体清洁剂的灵感完全来自一则电视广告，那是一则添加微量元素的矿泉水广告。

当这则广告中出现微量元素溶入水中，发出"噗噗"声的镜头时，杰克·巴伦奇的脑海中突然涌现了一个灵感:"我们也可以制造出一种固体清洁剂,放到水中使用啊。"

杰克·巴伦奇立即找来化学专家,研制出一种形似子弹头的小药丸,并定名为"仙人掌"。它能把水变成清洁剂,而且去污能力很强,从地板到院子,什么污垢都可能清洗。

接着,他特意注册了一家公司,然后,又开发出一种用于汽车擦洗和上蜡的药丸,还有一种看起来像药片,可以跟去垢剂、漂白剂和织物柔软剂一样使用的洗衣剂。

这些产品因为携带方便,深受广大消费者的喜爱。公司也因此在创立不到8年的时间里,积累了大量财富。

有人问杰克·巴伦奇关于成功的秘诀时,他说:"最好的赚钱方式是找出一个问题并解决它。不过,灵感就像一条'易滑脱的鱼',需要迅速钩紧。"

灵感看似是一种偶然所得,实际上依赖于好奇心,产生于时时、事事的善思中。没有思考就没有灵感。时刻留意生活中的事件,探究其中包含的可独创的价值,就可能擦出思维的火花。在一个触发、一股情思、一丝意念袭来时眼前一亮,心头一颤,便产生了稍纵即逝的灵感。灵感是好奇心的表现,更是善于探索的精神使然。

买件红衣服穿

佚 名

美国钢铁大王卡耐基小的时候家里很穷。有一天,他放学回家时经过一个工地,看到一个穿着华丽、像老板模样的人在那儿指挥工人干活儿。

"请问你们在盖什么?"他走上前去问那位老板模样的人。

"要盖一座摩天大楼,给我的百货公司和其他公司使用。"那人说道。

"我长大后要怎样才能像你这样?"卡耐基以羡慕的口吻问道。

"第一要勤奋工作……"

"这我早知道了,老生常谈,那第二呢?"

"买件红衣服穿!"

聪明的卡耐基满脸狐疑:"这……这和成功有关?"

"有啊!"那人顺手指了指前面的工人道:"你看他们都是我的手下,但都穿着清一色的蓝衣服,所以我一个也不认识……"

说完他又特别指向其中一位工人:"但你看那个穿红衬衫的工人,我长时间注意到他,他的身手和其他人差不多,但是我认识他,所以过几天我会请他做我的副手。"

成功并非你想就可以达到,还要有迥异于他人的智慧和思想才行。

能够与众不同,就是一种创新。与众不同就是与众人有差异。老子说:"道可道,非常道。"所谓"非常道",就是不平常的道理,或者说是常人不容易懂的道理。得道者懂不平常的道理,自然就会有不平常的行为;有不平常的行为,自然就会产生不平常的结果。

詹纳用"牛痘"治天花

佚 名

爱德华·詹纳是英国的一名乡村医生。他研究天花病,并发现以种牛痘的方法预防天花感染,对人类做出了巨大贡献。

在18世纪,天花是一种十分可怕的疾病,比癌症还可怕。染上这种疾病的人很难幸免于死,每一年死于这种疾病的人成千上万,即使个别人幸免于死,病愈后身上和脸上也都布满疤痕,十分难看。

作为一名医生,詹纳对这种情况十分焦虑,渴望能找到一种方法,把人们从这一可怕的疾病中救出来。为此他费尽心机,做过种种努力和尝试。他在各种尝试和努力过程中,注意到一种值得寻味的现象:乡村里的牛患了与天花相似的病,那些挤奶女工在接触到牛身上的疱疹时受到感染,身上也会长出小一些的疱疹,这就是牛痘。而感染过牛痘的人都不曾被传染上天花。詹纳发现,牛痘的病情症状比天花轻得多,它从不曾令牛死亡,更不会令人死亡,况且人在感染牛痘痊愈后不会留下任何疤痕。

詹纳感到,牛痘可能是天花的抗体,可以免天花之疫。

此后有一天,手上生了一个牛痘疮的挤奶姑娘找他看病,詹纳从她手上取了一些牛痘菌,然后找来一个可能与天花病接触的名叫菲里普斯的8岁小男孩儿,将他的胳臂划破一下,将牛痘菌放上去。这位名叫菲里普斯的男孩儿大声哭叫着,他无论如何也不会知道他的哭声将挽救无数人的生命。

48天后,詹纳将从天花患者脓疱中提取的液体再一次滴在了菲里普斯被手术刀划破的手臂上,菲里普斯的免疫系统抵抗住了天花病毒的侵害。8岁的男孩儿菲里普斯的父母都是牧场的工人,他们甘愿让自己的孩子冒患上天花的危险让詹纳进行试验。为了感谢他们,詹纳拿出自己行医的积蓄为这家人建了一座房子,这座房子至今还被保存在英国格洛斯克郡。

就这样,种牛痘以预防天花的方法被发现了。

詹纳对这一发现十分兴奋,写了一篇论文印出来给医生们看。最初人们不相信,还有人认为他是胡说八道,多数人不敢前来让他种牛痘,但詹纳坚持自己的试验,终于用大量事实令人信服了。

消息逐渐传遍了全世界,詹纳成为世界知名的伟大人物。于是,从欧洲到美洲,人们开始悄悄地试验着詹纳最终确定的牛痘疫苗接种法。到了1925年,美国人人都要领取一个纽扣大小的证章,上面写着:我已接种。而在俄国,第一个接受牛痘疫苗接种的孩子被起名为:瓦辛诺夫(即牛痘),并由国家供他上学。至此,天花造成的大规模死亡停止了。

创新来自于对自己事业无限的忠诚和热爱,来自于对生活细致入微的观察。同时,创新不能只停留在口头上,不能只蕴藏在脑海里,而应注重实践。只有经得起实践检验的创新,才是真正的创新。尽管创新的路途会充满艰辛和风险,但那些心中时时有责任感的人,则前仆后继,敢为天下先。

机会只有3秒

瑞 雪

她,名牌大学毕业,却找不到工作。好不容易找了份戏剧编剧助理的工作,却发现整个公司除了老板只有她一个员工。累死累活干了三个月,只拿到一个月的工资,于是她炒了老板鱿鱼,开始游荡,帮人写短剧,写电影,只要按时收到钱就好,前路茫茫,她希冀着奇迹发生。

一次机缘巧合,她应聘到电视台一个节目当了编剧。半年后,在一次制作节目时,制作人不知为什么突然大发雷霆,说了句:"不录了!"就走了。几十个工作人员全愣在那儿不知怎么办,主持人看了看四周,对她说:"下面的我们自己录吧!"

机会只有3秒钟。3秒钟后,她拿起制作人丢下的耳机和麦克风。那一刻她清楚地对自己说:"这一次如果成功了,就证明你不仅是一个只会写写小剧本的小编剧,还可以是一个掌控全场的制作人,所以不能出丑!"

慢慢地,她开始做执行制作人。当时,像她那个年纪的女生能做制作人的情形相当罕见。

几年后,这个小女生成了三度获得金钟奖的王牌制作人,接着一手制作了红得一塌糊涂的电视剧《流星花园》,被称为"台湾偶像剧之母"。

回首往事,柴智屏爽直地说:"机会只有3秒,就是在别人丢下耳机和麦克的时候,你能捡起它。"

机会不只留给那些有准备的人,还留给那些有勇气的人。

不要说没有机会,只是我们不懂得珍惜。有人把机遇称为运气,不管称谓如何,有一点是绝对的,善于利用机遇比怨天尤人更为有益。当机会来临时,我们没有发现它;当它要离开我们时,我们又拼命地去挽留。有些机会一旦失去就无法挽回了,我们要懂得珍惜眼前所有的一切,不要在失去时才后悔。

动脑的结果

佚 名

当佛瑞迪只有 16 岁时,在暑假将临的时候,他对父亲说:"爸爸,我不要整个夏天都向你伸手要钱,我要找个工作。"

父亲从震惊中恢复过来之后对佛瑞迪说:"好啊,佛瑞迪,我会想办法给你找个工作,但是恐怕不容易。现在正是人浮于事的时候。"

"你没有弄清我的意思,我并不是要您给我找个工作。我要自己来找。还有,请不要那么消极。虽然现在人浮于事,我还是可以找个工作。有些人总是可以找到工作的。"

"哪些人?"父亲带着怀疑问。

"那些会动脑筋的人。"儿子回答说。

佛瑞迪在"事求人"广告栏上仔细寻找,找到了一个很适合他专长的工作,广告上说找工作的人要在第二天早上 8 点钟到达 42 街一个地方。佛瑞迪并没有等到 8 点钟,而在 7 点 45 分就到了那儿。可他看到已有 20 个男孩排在那里,他只是队伍中的第 21 名。

怎样才能引起招聘者的特别注意而竞争成功呢? 这是他的问题。

他应该怎样处理这个问题呢？根据佛瑞迪所说，只有一件事可做——动脑筋思考。因此他进入了那最令人痛苦也是令人快乐的程序——思考。在真正思考的时候，总是会想出办法的，佛瑞迪就想出了一个办法。他拿出一张纸，在上面写了一些东西，然后折得整整齐齐，走向秘书小姐，恭敬地对她说："小姐，请您马上把这张纸条转交给您的老板，这非常重要。"

这位秘书小姐是一名老手，如果他是个普通的男孩，她就可能会说："算了吧，小伙子，你回到队伍的第21个位子上等吧。"但是他不是普通的男孩，她的直觉感到，他散发出一种自信的气质。她把纸条收下了。

"好啊！"她说，"让我来看看这张纸条。"她看了纸条上的内容以后，不禁微笑了起来。她立刻站起来，走进老板的办公室，把纸条放在老板的桌上。老板看了纸条也大声笑了起来，因为纸条上写着：

"先生，我排在队伍中第21位，在您没有看到我之前，请不要做决定。"

佛瑞迪是不是得到了工作？他当然得到了工作，因为他很早就学会了动脑筋。一个会动脑筋思考的人总能掌握住问题，也能够解决它。

处于不利的位置，但不是说就是处于劣势，动脑子的结果可以战胜占据有利地位的对手。生活中最需要我们的智慧，只要我们善于动脑，积极利用我们的聪明才智，一定会赢得人生的辉煌。

即便真的处于劣势时，也千万不要放弃，因为优劣都只是暂时的，它们可互相转化。

很多人以为世上有很多事情是不能改变的，实际上事情能否改变关键在于你的选择。如果你善于开发自己的思维，就可以找到解决问题的不同方法，看似困难的事情也会因此发生改变。每个人都可以凭借智慧和主动赢得人生的一路精彩。

一个烂西瓜与诺贝尔奖

佚 名

1928 年,英国细菌学家弗莱明发现青霉菌能分泌一种杀死细菌的物质,他把这种物质命名为"青霉素",但他并未能将其提纯用于临床。1929 年,弗莱明公开发表了他的研究成果,遗憾的是,这篇论文没有受到科学界的重视。

10 年后,德国化学家恩斯特·钱恩在旧书里看到了弗莱明的那篇论文,于是开始做提纯实验。1940 年冬,钱恩成功地提炼出了一点点青霉素,这虽然是一个重大突破,但要临床应用还差得很远。

1941 年,青霉素提纯的接力棒传到了澳大利亚病理学家瓦尔特·弗洛里的手中。在美国军方的协助下,弗洛里利用飞行员外出时从各国机场带回来的泥土,从中分离出菌种,使青霉素的产量从每立方厘米 2 单位提高到了 40 单位。

虽然这离生产青霉素还差很远,但弗洛里还是很高兴。一天下班后,弗洛里在实验室大门外的街上散步,见路边水果店里摆满了西瓜,他想:"这段时间工作进展不错,买几个西瓜慰劳一下同事们吧!"于是,他走进了水果店。

这家店里的西瓜都很好,弗洛里弯下腰,伸出食指敲敲这个,又敲敲那个,然后抱起几个,交了钱后刚要走,忽然看见柜台上放着一个被挤破了的西瓜。这个西瓜虽然比别的西瓜大一些,但有几处瓜皮已经溃烂,上面长着一层绿色的霉斑。

弗洛里盯着那个西瓜看了好久,又皱着眉头想了一会儿,忽然对老板说:"我要这一个。"

"先生,那是刚选出的坏瓜,正准备扔掉呢,吃了要坏肚子的。"老板提醒道。

"我就要这一个。"说着,弗洛里放下怀里的西瓜,捧着那个烂瓜走出了水果店。

"先生,您把那几个好瓜也抱走吧,这算我送你的。"老板跟在后面喊。

"可我抱不了那么多啊,再说,万一把这个打烂了怎么办?"

"那我把瓜钱退给您吧!"老板举着钱追了几步,但弗洛里已经走远了。老板摇摇头,不解地望着这个奇怪的顾客远去的背影。

弗洛里捧着那个烂西瓜回到实验室,立即从瓜上取下一点绿霉,开始培养菌种。不久,实验结果出来了,让弗洛里兴奋的是,从烂西瓜里得到的青霉素,竟从每立方厘米 40 单位一下子猛增到 200 单位。

1943 年 10 月,弗洛里和美国军方签订了首批青霉素生产合同。青霉素在"二战"末期横空出世,迅速扭转了盟国的战局。战后,青霉素得到了更广泛的应用,拯救了数千万人的生命。

因为这项伟大的发明,弗洛里和弗莱明、钱恩分享了 1945 年的诺贝尔生物学和医学奖。

英国思想家培根曾经说过:"善于识别与把握时机是极为重要的。在一切大事业上,人在开始做事前要像千眼神那样观察时机,而在进行时要像千手神那样抓住时机。"所以,当机会像一个"烂西瓜"一样被人扔在一边时,你若能发现它,并如获至宝,那么,恭喜你,你将获得成功。

大雁和飞机

刘 柳

许多年以前,一位牧羊人家里很穷,他只能靠替别人放羊来维持生活。

一天,他带着两个年幼的儿子把羊赶到了一个山坡上。这时,一群大雁大叫着从他们头顶飞过,很快从他们的视野中消失了。

"爸爸,大雁要飞到哪里去?"牧羊人的小儿子问。

牧羊人回答说:"它们要去一个温暖的地方。为了能安全度过一个寒冷的冬天，它们必须这样做。"

"如果我们也能像大雁一样飞就好了，那我就要比大雁飞得还高。"大儿子羡慕地说。

"是呀，做个会飞的大雁多好啊！自己想去哪里，就可以飞到哪里，再也不用放羊了。"小儿子也对父亲说。

牧羊人沉默了一会儿，亲切地对孩子们说："如果你们想飞，那么你们也会飞起来的。"两个孩子听了，高兴极了。他们立刻试了试，但是结果很令人失望，他们并没有飞起来。他们疑惑地看着父亲。

牧羊人说："看看我是怎么飞的吧。"于是他努力地飞了两下，结果也没飞起来。牧羊人想了想，十分肯定地说："因为我年纪大了，所以才飞不起来了。你们还小，只要不断努力，一定能飞起来，飞到你们想去的地方。"

从此，两个孩子牢记着父亲的教导，并一直不断地努力着。后来，他们长大了，终于飞起来了。

他们就是人类历史上第一架动力飞机的设计师——莱特兄弟，他们为开创现代航空事业做出了不朽的贡献。

大雁南飞是生活中极常见的现象，对此有的人会熟视无睹，有的人则会梦想自己也能飞翔。像鸟儿一样自由翱翔，这是人类古老的梦想。可是，只有莱特兄弟才终于把这一古老的梦想变成了现实。原因何在？因为他们不光有理想，还能为了实现自己的理想而不懈地努力。

所以，如果你不想让自己的梦想仅仅停留在你的脑海中，就用你每一天的努力来让它走出梦境，走向现实吧。或许，在不久的将来，你也会收获梦想成真的喜悦。

第十二章

提示 给别人一点掌声

　　"紫罗兰把它的香气留在那踩扁它的脚踝上,这就是宽容。"宽容无须夸张的装饰,无须漂亮的言辞,有时,做一点启发,进行一下指引就足够了,彼此宽容的种子就会播撒在心田,生根、发芽、开花、结果。给别人一次宽容,友好待人,就会多开一扇心窗,多拥有一份温馨,并在宽容中渐渐完善自己。诚然,宽容就是一种成熟……

钉 子

佚 名

有一个坏脾气的男孩，他父亲给了他一袋钉子，并且告诉他，每当他发脾气的时候就钉一个钉子在后院的围栏上。第一天，这个男孩钉下37根钉子。慢慢地，每天钉下的数量减少了，他发现控制自己的脾气要比钉下那些钉子容易。于是，这个男孩决定再也不会失去耐性，乱发脾气，并把他的决定告诉了父亲。当他告诉父亲这件事情时，父亲又说，从现在开始每当他能控制自己脾气的时候，就拔出一根钉子。一天天过去了，最后男孩告诉他的父亲，他终于把所有的钉子给拔出来了。

父亲握着他的手，来到后院说："你做得很好，我的好孩子，但是看看那些围栏上的洞。这些围栏将永远不能回复到从前的样子。你生气的时候说的话就像这些钉子一样在别人心中留下了疤痕。如果你拿刀子捅别人一刀，不管你说了多少次对不起，那个伤口将永远存在。话语的伤痛就像真实的伤痛一样令人无法承受。"

人们稍不注意就会互相伤害。既然我们已经尝过那种痛苦，为什么不节制自己的言行，控制自己的脾气呢？要知道，伤害他人最终就是伤害自己。如果人与人之间注定无法避免伤害，那就需要足够的宽容来抚平伤痛。宽容别人也就是宽容自己。

握住"敌人"的手

佚 名

1754年，华盛顿已经是大名鼎鼎的上校了，因为他战功显赫，为人正直，在军中很有威望。

有一年，弗吉尼亚州进行议会选举，参与者众多，现场气氛十分热烈,大家都为各自的候选人加油助威。其中,有一个名叫威廉·佩恩的人反对华盛顿所支持的候选人,华盛顿据理力争,与佩恩展开了激烈争论,双方各不相让,越说越激动。

华盛顿一急,出言不逊。佩恩受到冒犯,火冒三丈,一下子冲过来,对准华盛顿的脑袋就是狠狠一拳,华盛顿被打倒在地,现场嘘声一片。

见上校遭到攻击,华盛顿的手下部将立即一拥而上,将愤怒的拳头对准了佩恩。一场恶战一触即发。

华盛顿赶紧从地上爬起来,大喊一声:"停止! 大家都回营地去,我的事我自己来处理!"

第二天一大早,华盛顿派人送给佩恩一张便条,约他到一家酒店见面。佩恩虽然忐忑不安,但还是硬着头皮赴约了。

佩恩一到,华盛顿热情地迎了上来,微笑着伸出手,说道:"佩恩先生,犯错误是人之常情,纠正错误是件光荣的事,昨天是我的不对,不过你已经采取行动挽回了面子。如果你认为到此为止可以解决的话,那么请握住我的手,让我们交个朋友吧。"

佩恩被华盛顿的大度和诚恳感动了,不禁为昨天自己的莽撞深深自责。

从此,佩恩成了华盛顿热烈的拥护者,两人也成了最好的朋友。

阳光悟语

宽容是精神的成熟、心灵的丰盈;宽容是对别人错误的释怀,也是对自己的善待。宽容是一份从容、自信和超然;宽容还是一剂通向幸福的药方。它以豁达、真诚、无私、忍耐、涵养为配方,以快乐为药引,用爱这种水煎熬。服此良药,能医好狭隘、忧郁、痛苦之病症,帮助人们用健康的身心创造出幸福、美好的生活。学会宽容,世界会变得更为广阔,人生才会永远快乐。

用宽容浇灭嫉妒的火焰

佚　名

唐朝时,代宗皇帝身边有两个大红人,一个是大将军郭子仪,另外一个是太监鱼朝恩。

郭子仪因为屡立奇功,经常受到皇上的赏赐,鱼朝恩对此内心十分嫉恨。趁着郭子仪率兵在外征战的机会,鱼朝恩竟暗地里派人挖了郭子仪父亲的坟墓。

不久,郭子仪领兵回朝,众人都以为会掀起一场大风暴,代宗也为了这件事,特别吊唁慰问。

郭子仪却哭着说:"我领兵打仗多年,士兵们去挖人祖坟,我却没办法制止;现在有人来挖我父亲的坟墓,这是报应啊,怨不得别人。"

一场血雨腥风就这样被他宽容的泪水熄灭。

而鱼朝恩担心郭子仪会来报复,便想来个先下手为强,在家中摆下"鸿门宴",准备了毒酒,请郭子仪赴宴。

很多人都劝郭子仪不要去。

郭子仪笑了笑,说:"我是国家的大臣,他没有皇帝的命令,怎么敢来害我;如果他有皇帝的命令,我怎么可以反抗呢?"

就这样,他带上一份礼物,和几个家仆去赴宴了。

鱼朝恩得知后,又是惊讶,又是佩服,当场感动得泪如雨下。

从那以后,鱼朝恩不再与郭子仪为敌,反而对他表示尊敬和友好,处处维护他。

阳光悟语

大地之所以广阔无垠、生长万物,是因为大地能够敞开宽容的胸怀,让春夏秋冬自由来去,任由季节的画笔涂抹。看似复杂的生活,却也包含着一个简单的道理。只要敞开胸怀,不去斤斤计较,脚下道路就会越走越宽。宽容其实是一种养生的智慧。不要把自己关在怨恨之中,只有宽容才能让心灵获得解放和自由,才能不断获得友谊。

吕蒙正不记人过

佚 名

吕蒙正是宋朝的大臣,不喜欢与人斤斤计较。但由于他出身贫寒,有乞讨为生的经历,有些朝中大臣就瞧不起他。

吕蒙正刚任宰相时,有一次正赶着上朝,有一位官员在帘子后面指着他对别人说:"这个无名小子也配当宰相吗?"吕蒙正对于这奚落挖苦的话听在耳里,疼在心里,但他心地纯正,不屑作答,于是就假装没有听见,头也不回地上朝去了。其他参政为他愤愤不平,准备去查问是什么人敢如此胆大包天。吕蒙正知道后,急忙阻止了他们。

散朝后,一位与他私交很好的大臣还是感到愤愤不平,非要去查出刚才那个人是谁。吕蒙正听说后,对朋友的一番好意表示感谢,并急忙阻止道:"如果一旦知道了他的姓名,那么就一辈子也忘不掉。这样的话,耿耿于怀,多不好啊! 因此千万不要去查问此人姓甚名谁。其实,不知道他是谁,对我并没有什么损失呀?"朋友听了他的话,被他的气度感动了,随即作罢。

这件事传出以后,朝中大臣无不佩服吕蒙正的宽宏大量,因此对他就更尊敬了。

在生活中,谁都难免会碰到一些口吐恶言的人。这种时候,保持平和、宽容的心态是很重要的。如果与他们斤斤计较,就会扰乱我们的心境,制造出更多的麻烦,而且会给自己徒增许多烦恼。所以,学学吕蒙正的宽宏大量和装聋作哑,权当是沉默的回击,也属上策。

宽容会得到回报

佚　名

一次,楚庄王设宴招待群臣和武士们喝酒,席间命令他所宠爱的美人劝酒。喝到傍晚,大家已经喝得醉醺醺的,突然一阵狂风吹过,把灯烛吹灭了,大厅里一片漆黑。黑暗中不知谁用手搂住了美人的衣袖,美人急中生智,一把拉断了那人系帽子的带子,那人才松手去保护自己的帽子。美人乘机脱身来到楚庄王身边,向他哭诉被人调戏的经过,并说那个人的帽带已被她拉断,只要点上灯烛,就可以查出此人是谁。

楚王安慰她说:"酒醉失礼是难免的。再说我哪能为一个女人而污辱臣下和武士呢!"于是就在黑暗中大喊:"今天大家喝酒要尽兴,谁的冠缨不断,就是没喝足酒,再罚他三大碗!"

群臣众将为了讨好楚王,纷纷都把自己的冠缨扯断,并喝得烂醉。等灯烛重新点燃时,大家的冠缨都断了,就是美人自己想查出调戏她的那个人,也无从下手了。

事过三年后,晋国与楚国打仗。战场上有一位勇士英勇善战,奋勇当先,五次交锋五次都是第一个冲杀在前,第一个带头打败敌人,最后楚国大获全胜。楚庄王很奇怪,问他为什么如此拼命。那位勇士回答说:"末将该死,那次宴会上酒醉失礼,大王不但不治我的罪,还为我掩盖过失,我总想找个机会报答您。下臣就是三年前那天晚上被美人扯断冠缨的人。"

宽容别人的人,总会得到回报。

阳光物语

"处己何妨真面目,待人总要大肚皮。"做人要怀有一颗宽容的心,如果世上的每个人都不会宽容,只会斤斤计较,那整个世界可能终日血雨腥风,暗无天日。同时,宽容的人,在一定的时候,总能得到别人的回报。

宽容之心往往能赢来感恩之心。

战友射来的子弹

佚　名

一战期间,有两个战士在激战中与部队失散了,他们俩来自同一个小镇。

两个人在森林里艰难地跋涉,他们打死了一只鹿,靠着鹿肉艰难度日。几天内他们再也没找到其他的食物,仅剩的一点儿鹿肉背在年轻的战士身上。就在这个时候,却又不幸遇上敌兵,经过一番激战,他们巧妙地避开了敌人。就在他们以为已经安全的时候,只听一声枪响,走在前面的年轻战士中了一枪——还好只是伤在肩膀上。

后面的战士惶恐地跑过来抱住了战友的身体泪流不止,他撕下自己的衬衣为战友包扎伤口。到了晚上,他们饥饿难耐,都以为熬不过去了,可是谁也没动剩下的鹿肉。总算天无绝人之路,第二天部队找到了他们。

其实,受伤的战士知道是他的战友向自己开的枪,因为当战友抱着他时,他碰着了战友那发热的枪管。他知道战友为了母亲想活下来,想独吞那剩下的鹿肉,所以他宽容了战友。

他们回到家乡时,战友的母亲还是没有等到自己的儿子回来,他们一起去祭奠老人家。那一天,战友跪下来,请求他原谅自己,他没让战友说下去。他宽容了自己的战友。

阳光物语

战友的宽容多么意味深长而令人敬佩!宽容的伟大和宝贵得到了很好的诠释。朋友之间依靠宽容跨越一切艰难险阻。宽容拯救友谊。宽容要求双方中的一方为另一方设想多一点儿、牺牲多一点儿。宽容朋友的错误并不简单。既然这样,还有什么理由不珍惜来之不易的友谊呢?

争 斗

贾淑玲

胜利街上，有两家布行。一家叫永德，一家叫昌盛。

　　两年前，昌盛用卑鄙的手段垄断了市场，抢走了永德大批客户，使永德陷入困境。幸好有两家老客户帮了永德的忙，永德的生意又逐渐兴旺起来。

　　一天，永德老板的儿子兴冲冲地跑进来说："爸，机会来啦！听说昌盛用大部分资金进了一批货，没想到是次品，供货商已经跑了。我们可趁机大赚一笔不说，还能彻底把昌盛打败，听说昌盛已没资金周转了。"

　　永德老板听了，淡淡地说了句："我知道了。"

　　转眼几个月过去了，昌盛和以前一样兴旺。永德老板的儿子坐不住了，经过打听，得知有人转了一笔钱给昌盛。

　　晚上他找父亲对饮。给父亲倒满酒后，对父亲说："连老天爷都不帮我们，昌盛这次有人给他们转了一笔资金，帮他们渡过了难关。"

　　永德老板看着儿子，说："资金是我转给他的。"

　　"什么？爸，你为什么这么做？你难道忘了以前他们是怎么陷害我们的？"儿子激动地站了起来。

　　永德老板的脸上浮现出一丝不易察觉的痛楚，拿酒杯的手竟然在发抖，他盯着儿子说："那是我人生的低谷，我不会忘记。儿子，有时给别人机会就是给自己机会。书上说，紫罗兰把它的香气留在那踩扁了它的脚上，这就是宽恕……"

　　儿子怔怔地望着父亲，什么话也没有说出来。

　　宽恕是一种美德，宽恕别人的同时，也使自己的世界无限扩大，这是一种内心修养的高境界。

宽容的国马

安 琪

春天来了，两位好朋友一起到郊外踏春。他们骑着马并排走在路上，宋文骑的是一匹国马（一个国家中的上等的马），赵武骑着一匹骏马。

这两匹马的性格各异，国马温驯，骏马暴躁。并行了一段路之后，两匹马发生了矛盾。不知道到底为什么，忽然，骏马狠狠地在国马的颈上咬了一口，国马的脖子顿时鲜血直流。国马痛得立刻大跳，但它并没有扑上去和骏马厮打，只是委屈地低头嘶鸣了几声，看了看骏马，依旧像原来那样默默赶路。

傍晚，宋文和赵武各自回家了。奇怪的是，骏马回家以后，一直惊恐不安。不管赵武怎么哄它、打它，它既不吃东西，也不喝水。

赵武对此感到迷惑不解，赶忙找到宋文，急切地说："坏了，我那匹马得了一种怪病。我用最好的草料喂它，它也不尝一口；即使我用鞭子打它，它还是不吃。"

宋文一听就明白了，他说："我带国马去看看它吧，一定能治好它的怪病的。"

"啊？"赵武大吃一惊，他知道宋文并不是兽医，但为什么他还那么自信呢？

很快，宋文骑着国马来到赵武家。国马一见到骏马，就亲密地迎上去用鼻子嗅来嗅去；骏马见了，也马上用鼻子嗅着国马，表示欢迎。然后，两匹马一块儿有滋有味地吃起草来。

"怎么样，我给它治好病了吧？"宋文笑着问。

"它得的是什么病？"赵武不禁又问。

"后悔病，它是为自己咬国马的行为，感到后悔了！"宋文说完，看了看赵武。赵武恍然大悟，会意地笑了。

世界上没有十全十美的人，人人都有自己的长处和不足。在与他人相处的过程中，我们应该善于包容别人的缺点，体谅别人的难处，宽容他人的过错，同情他人的不幸，谅解他人的失误。

当你向别人敞开博大的胸怀时，你同时也被别人接纳了。因此，我们要养成宽容别人的良好习惯，做一个有"宰相肚"的人。

学会鼓掌

澜　涛

一家非常有影响力的纺织品公司通过一家电视台的互动节目招聘谈判代表。优越的待遇、光明的发展前景，以及电视台的全程跟踪报道吸引了众多应聘者。经过千筛万选，最后进入决赛的三个人可谓伯仲难分，但招聘公司只能聘用其中一人。为了能够选出最适合的人选，招聘公司可谓煞费苦心。考题从演播室内的唇枪舌剑一直延伸到户外互动内容，随着三名应聘者的精彩表现，录制现场的观众掌声也一次次响起。终于，所有聘试内容都结束了，现场观众开始投票，评选他们心目中的最优秀者，三名应聘者的支持率分别为 30％、40％、40％。所有的目光都集中到招聘企业代表以及就业专家的决断，气氛一下紧张起来，现场观众都屏住呼吸，等待主持人宣布最终获胜者。最终的结果却出乎很多人的意料：那名观众支持率为 30％ 的应聘者成为笑到最后的人。

面对现场观众的疑问，企业代表和就业专家说出了他们的理由："说实话，这三名应聘者都非常出色，很难分出谁的能力更强。我们最终选择支持率最低者，是因为他有一点是另外两名应聘者所不具备的，那就是，在整个过程中，他总会适时地为对手鼓掌。懂得用掌声表达对对手尊重，并表现自己的风度，是谈判桌上最关键的素养。"

把掌声送给对手，是一种对对手的尊重，更是对自我风度的展现。

知识和经验可以快速地学习和提高，鼓掌，看似简单的一个细节，却需要长久修养的沉淀。

学会鼓掌，学会用双手把尊重唱响，学会用双手把信心唱响，学会用双手把风度唱响……当能力不相上下，当争辩犬牙难分，风度的魅力或许就会成为扭转形势、赢得胜机的砝码。

心态健康的人，在为别人鼓掌时，也是在给自己的生命加油。当我们没有成功时，我们应该真诚地为走向成功的人鼓掌；当我们走向成功时，更要学会为别人鼓掌。相互鼓掌才能相互提高，当你善于为别人鼓掌时，才会获得更多人的喝彩，我们的生活也将因此而变得阳光明媚。

第十三章

提示

送人玫瑰，手留余香

　　生活中最大的幸福是坚信有人爱我们。关爱是世界的一抹温暖亮色，付出一点儿关爱，收获无限关爱，生活就会充满阳光。只要处处留心，真诚地为他人着想，积极地行动，即使是疲倦时的一杯茶，寒冷时的一件衣，也能给人送去关爱的信息。送人玫瑰，手有余香。人人互相关爱就是这么简单的一件事。

关爱别人就是关爱自己

顾桂海

那年夏天,洪水肆虐,我从老家赴省城上学。途中要经过一条小河,因为洪水泛滥,没法过河,情急之中,只见河边漂来一扇大门板。不管三七二十一,我跳上这扇大门板用木棒撑着它轻易到达了对岸。

到对岸后,我想顺手将那扇大门板推回河中,让它顺水漂走,但又转念一想,何不留给下一个想过河的人呢?我从行李包中剪下一段包装绳,将那扇大门板拴在岸边的一棵树根上,然后又匆忙赶路。

当我爬过崇山峻岭后,发现前面的一条大河水面更宽,洪水咆哮,浊浪滔天,根本无法过河,码头边的横水渡早已停航。

我苦等了3个多小时,洪水依然没有减退的迹象。我只好背着行李惆怅地从原路折回去。当回到那条小河,发现洪水依然很大,幸好那扇大门板竟然还拴在河边的树根上! 真令我意想不到,"下一个过河的人"就是我自己!

人生路上,实际上关爱别人,无形之中就是关爱自己。

擦亮你的心灯

顾晓蕊

周末,和风送暖,阳光晴好,是难得的好天气。女儿小美闹着逛公园。城市不大,每逢节假日,公园是小美最向往的去处。

我们搭乘公交车,朝着公园的方向行驶。车开过两站路,上来兄妹两人,哥哥眼盲,妹妹腿有残疾。上车时,那姑娘轻声提醒:"哥哥,抬脚。"他们相互搀扶着上了车。两个年轻人起身让座,妹妹扶着哥哥坐稳。售票员走到兄妹面前,妹妹从衣兜里掏出证件递过去,售票员接过,眼睛迅速地瞟了一眼,说:"早换新证了,这证不管用。"

妹妹赔了笑脸,慌忙解释:"今天天气好,我陪哥哥到河堤上转转,我们不知道换证了,回头就去补办。"

"不行,下车。"售票员固执地说。

这时,一位老大爷站起来,对售票员说:"他们是残疾人,车上的人都能看出来,你看不见吗?"

"这是公司的规定。"售票员心里不服,理直气壮地声明,"我也是照章办事。"

"他们行动不便,把他们撵下车,你心里能过得去吗?"

"只这一次,快换新证。"售票员口气软下来,转身继续售票。貌似倔强的人,最终还是在善意的人文关怀面前让步。

车上的人都松了一口气,妹妹感激地望着老人。公交车到站,妹妹扶哥哥起身,两人缓缓移步。盲人哥哥突然转过身,弯腰,鞠躬……面带微笑,神情羞涩,他是在以最纯朴的方式,向让座的年轻人、据理力争的老人、态度缓和的售票员以及关心他们的乘客,致以深深的敬意。因为,他心里明白,即使眼前一片黑暗,社会还在拉着他。众人目送他们下车,他们的背影越来越远,终于消失在茫茫人海。

公交车上的盲人,用自己的方式,表达了对陌路关怀的感谢,这本身也是一种善良。

我们常被不如意的事困扰,脸上笑容浮动,内心愤懑不平,为无人赏识而力争,为无人喝彩而沮丧,甚至为几句冷言,与人剑拔弩张。可是,刚才那位盲人,穿着干净朴素,脸上泛着光彩,神情自矜自重。盲人眼睛看不见,可是他们内心澄清,心灯常明,懂得感恩生活。

快擦亮你的心灯,让爱与希望在心底升腾,既照亮了别人,也温暖着自己。

倾斜一把雨伞

赵 程

雨不紧不慢地落了三两天,出门的人们总会记得带上一把雨伞。我也不例外。

这是一个大晴天两人并行就显得有些拥挤的小巷,在今天自然成了"单行道"。有个一只脚有些跛的小伙子在前面不紧不慢地走着,看上去很不方便。我便有些同情起这个小伙子来,这本该是生龙活虎的黄金季节呀,却由于一只脚,唉!我发现那小伙子雨伞一会儿向左偏,一会向右偏,更有些时候根本就没有顾到自己的身体,左右肩都被淋湿了。可他一点儿也没顾及,雨伞依旧毫无规律地或左或右地倾斜着。时代都市生活的节奏,逼得年轻人步履匆匆。我有意超过去,可几次努力都没有成功。谁没有个难的时候,对于他这样的人就更应该能理解,我这样一想,也就放弃了超过去的念头。

到了小巷的尽头,路渐行渐宽。我意外地发现,只要在人少的地段,小伙子的雨伞打得很到位,能恰如其分地罩住自己的身体。我觉得很奇怪,就仔细地观察起他来。慢慢地我终于发现,凡是侧边有人过的时候,他会很自然地将雨伞倾斜到另一边,这样从雨伞上溅落的雨水,也自然不会落到行人的身上。长长的街道,与他擦肩而过的行人无数,他居然能左右都兼顾到。当然,这样他的双肩也自然轮流着接受雨水的浸润。

我顿时被深深地感动了,这样一位自己本身就不太方便的残疾人,能时时记着为别人倾斜一把雨伞,这是一件多么了不起的事情呀!

倾斜一把雨伞,并不是一件非常难办的事,然而难能可贵的是,在这举手投足之间,你已经倾斜了心中那台爱的天平!倾斜一把雨伞,让世间永远充满爱!

阳光悟语

倾斜一把雨伞并不难,可我们很多的人在太多的时候却不愿花举手之劳为他人提供方便。

礼貌的价值

白 合

哈佛大学的22名应届毕业生,实习时被导师带到华盛顿某实验室里参观。当他们坐在会议室里,等待该实验室主任奥利奥的时候,有位秘书连忙来给大家倒水,同学们都心安理得地坐着不动。其中一个同学还问:"有黑咖啡吗?天太热了。"秘书回答:"抱歉,刚刚用完了。"

一位名叫杰克的学生听了,觉得有点别扭,他想:"人家给你倒水,怎么还挑三拣四的?"轮到他时,他站起来,轻声说:"谢谢,您辛苦了。"

秘书吃惊地看了他一眼,虽然这是很普通的一句客气话,却让她感动,因为这是当时她听到的唯一的一句。

一会儿,导师和奥利奥主任推门走进来,奥利奥主任微笑着和大家打着招呼,不知是怎么回事,竟没有一个人回应。杰克看了看同学们,犹犹豫豫地鼓了几下掌,同学们这才稀稀落落地跟着拍手,掌声零乱不齐。

奥利奥主任挥挥手说:"欢迎你们来这里参观。按照惯例,这些事一般都由办公室人员负责接待,因为我和你们的导师是老同学,而且非常要好,所以今天我来亲自给大家讲一些有关情况。我看大家好像都没有带笔记本,这样吧,秘书,请你拿一些我们实验室的纪念手册,送给同学们做个纪念吧。"

接着,奥利奥主任双手把纪念手册递给大家。同学们都表情木然地坐在那里,很随意地用一只手接过手册。

奥利奥主任的脸色越来越难看了,走到杰克面前时,几乎快要没耐心了。

这时,杰克很有礼貌地站起来,身体向前微倾,双手接过手册,恭敬地说:"谢谢您!"

奥利奥主任不觉眼前一亮,用手拍了拍杰克的肩膀,问道:"你叫什么名字?"杰克照实作答。奥利奥点头微笑着回到自己的座位上。深感汗颜的导师看到此情景,才微微松了一口气。

两个月后,在杰克的毕业生去向表上,赫然写着白宫某实验室。几位颇感不满的同学问导师:"杰克的学习成绩最多算是中等,凭什么选他而没选我们?"

导师望着他们稚嫩的脸,笑着说:"是人家白宫实验室点名要的。其实,你们的机会都是完全一样的,而且你们的成绩比杰克还要好,但是为什么……除了知识之外,你们需要学的东西还有很多……"

阳光悟语

当别人为我们服务时,诚恳地说一句"谢谢";当无意打扰了别人时,轻轻地说一声"对不起"。在这些生活的细微之处,礼貌的鲜花悄然盛开,它让我们的生活充满芳香,它让心与心之间的距离不再遥远。

礼貌不需要太高的代价,收获的价值却不可估量。

留一些柿子在树上

佚 名

韩国北部的乡村公路边,有很多柿子园。金秋时节来这里,随处可见农民采摘柿子的忙碌身影,成熟的柿子先被摘下,未熟透的柿子依然要留在树上,直到成熟之后再进行采摘。但是,整个采摘过程结束后,有些熟透的柿子也不会被摘下来。这些留在树上的柿子,成为一道特有的风景线。一些游人在经过这里时,都会问,这些柿子又大又红,不摘岂不可惜?但是当地的果农则说,不管剩下的柿子长得多么诱人,也不会摘下来,因为这是留给喜鹊的食物。

很多人都这样认为,果农用柿子喂喜鹊,真是太傻了!

这时,车上的导游给大家讲了一个故事。这里是喜鹊的栖息地,每到冬天,喜鹊们都在果树上筑巢过冬。有一年冬天,天特别冷,下了很大的雪,几百只找不到食物的喜鹊一夜之间都被冻死了。第二年春天,柿子树重新吐绿发芽,开花结果了。但就在这时,一种不知名的毛虫突然泛滥成灾。柿子刚刚长到指甲大小,就都被毛虫吃光了。那年秋天,这些果园没有收获到一个柿子。直到这时,人们才想起了那些喜鹊,如果有喜鹊在,就不会发生虫灾了。从那以后,每年秋天收获柿子时,人们都会留下一些柿子,作为喜鹊过冬的食物。留在树上的柿子吸引了很多喜鹊到这里度过冬天,喜鹊仿佛也会感恩,春天也不飞走,整天忙着捕捉果树上的虫子,从而保证了这一年柿子的丰收。

在收获的季节里,别忘了留一些柿子在树上,因为,给别人留有余地,往往就是给自己留下了生机与希望。

生活是这样的，人意识到自己受惠于人，同时也必须承担责任。我们常常会抱怨别人给予我们的太少，却几乎不去想我们付出的又有多少。其实这个世界真的是很公平的，在你不给别人留余地的同时，你自己必然也会为此付出代价。你想别人怎么对自己，那你就如何去对别人吧。

5 美元的故事

李圆圆

美国海关有一批被没收的自行车决定要拍卖。

拍卖会上，每次叫价的时候，总有一个 10 岁出头的男孩喊价，而且总是以"5 美元"开始出价，然后眼睁睁地看着自行车被别人用 30 美元、40 美元买去。拍卖会中间休息时，拍卖员问那个小男孩为什么不出较高的价格来买，男孩说，他只有 5 美元。

拍卖会继续进行，那男孩还是给每辆自行车相同的价钱，然后又被别人用较高的价钱买了去。

后来，聚集的观众开始注意到这个总是首先出价的男孩，也察觉到会有什么结果。

眼看拍卖会就要结束了，只剩一辆最棒的自行车，车身光亮如新，有多种排档，10 段杆式变速器、双向手刹车、速度显示器和一套夜间电动灯光装置。

拍卖员问："谁出价？"

这时，站在最前面、几乎已经绝望的小男孩轻声说："5 美元。"

拍卖员停止唱价，停下来站在那里。

所有在场的人都看着这个小男孩,没有人出声,没有人举手,也没有人喊价,直到拍卖员唱价3次后,他大声说:"这辆自行车卖给这位穿短裤白球鞋的小伙子!"此语一出,全场鼓掌。

小男孩拿出握在手中的5美元,买了那辆最漂亮的自行车,脸上露出灿烂的笑容。

我们每个人一点点善意的付出,都会给这世界增添不少美好和欢乐。

有时,我们一个小小的让步,可以成全别人巨大的快乐。在成全别人的同时,我们不但能在内心产生一种由衷的幸福,而且还会受到他人的尊重。而我们的行为也会像接力棒一样被传递下去,在我们遇到困难和无助时,我们也会得到他人的成全,并能感受自己被成全时的那种温暖。

第十四章

提示 朋友一生一起走

　　人世间所有的荣华富贵都不如一个好朋友,好朋友陪伴我们一生,是我们人生中最美丽的风景之一。选择什么样的朋友,怎么对待朋友,将对我们的生活造成很大影响。所以我们要珍惜友谊,善待朋友,以一颗宽大的心包容他们,以一颗关爱的心为他们分担,将友情之树浇灌得郁郁葱葱。

玫瑰的朋友

佚 名

有一天,一个路人发现路旁有一堆泥土,从土堆中散发出非常芬芳的香味。他就把这堆土带回家去,一时之间,他的家竟满室香气。

路人好奇而惊讶地问这堆土:"你是从大城市来的珍宝吗?还是一种稀有的香料?或是价格昂贵的材料?"

泥土说:"都不是,我只是一块普通的泥土而已。"

路人又问:"那么你身上浓郁的香味是从哪里来的?"

泥土回答道:"我只是曾在玫瑰园和玫瑰相处了很长的一段时间。"

阳光悟语

和玫瑰相处就能沾染香气,让自己也馨香起来。既然这样,为什么不跟玫瑰相处呢?相信没有人愿意跟臭水沟相处吧?

鲍叔牙谦让管仲

佚 名

春秋时期,有一对罕见的好朋友,一个叫管仲,一个叫鲍叔牙。这两人后来都成了著名的政治家。

管仲出生于一个没落的贵族家庭,青年时,他的家境相当贫困。他做过商人,这在当时贵族阶层看来是非常低贱的。经商期间,管仲到过很多地方,接触过形形色色的人,经历过各种各样的事情,见过很多世面,积累了丰富的社会经历。

一天,管仲在街上碰上了年龄相仿的鲍叔牙,两个人攀谈起来,结果越谈越投机,越谈越觉得志趣相近,两人就相约结为朋友。

管仲和鲍叔牙曾经合伙做买卖,管仲家里穷,出的本钱没有鲍叔牙多,可是到分红利的时候,他却要多拿。鲍叔牙手下的人都很不高兴,骂管仲贪婪。鲍叔牙却解释说:"他哪里是贪这几个钱呢?他家里生活困难,是我自愿让给他的。"

鲍叔牙的大度以及能设身处地地为人着想与人分享的心胸,使管仲非常感动。

之后,鲍叔牙和管仲结成了生死之交,并成为千古美谈。

在生活中,我们经常过于关注自己,而对别人关心不够。学会分享别人的快乐,会使双方都更加快乐,这么美妙的事情,为什么不尝试去做呢?别人取得成功的时候,希望听到真诚的赞美;别人悲伤失意的时候,希望得到善意的宽慰。让我们多倾听别人的声音吧。

用生命担保友情

雅 瑟

公元前4世纪,意大利的一个叫皮斯阿司的小伙子触犯了暴君奥尼索斯,被判处绞刑。身为孝子的他,请求回家与老父老母诀别,可始终得不到暴君的同意。就在这时,他的朋友达蒙挺身而出,愿暂时代他服刑,并对暴君承诺:"皮斯阿司若不如期赶回,我可代替他临刑!"这样,暴君才勉强同意了。

时间一分一秒地流逝,行刑的时间马上就到了,可是皮斯阿司却杳无踪迹。伪善的人们都嘲笑达蒙:竟然傻到用自己的生命来担保友情!

当达蒙被带上绞刑架,套上绞索的时候,人们都悄无声息地等待悲剧的上演。突然,远方出现了皮斯阿司的身影,飞奔在暴雨中的他高喊着达蒙的名字:"朋友,我回来了!"继而热泪盈眶地拥抱着达蒙,做最后的诀别。风雨中,所有的人都被这动人的一幕感动得落泪了。

暴君神态黯然地站起来,出乎意料地赦免了皮斯阿司。然后,他面对沉默的人群大声说:"我愿倾我所有来结识这样的朋友!"

达蒙在关键的时候挺身而出,代朋友皮斯阿司服刑;而皮斯阿司也很讲信用,在和父母诀别后及时赶回。他们以实际行动证明:真正的友谊是值得用生命来担保的! 也正因为如此,连暴君奥尼索斯都被感动了。

在这个世界上,朋友有很多种,但有一种朋友是我们最需要的,那就是在我们遇到困难时,为我们提供力所能及的帮助的朋友。所以,对朋友不一定要锦上添花,但一定要雪中送炭。

照亮生命的友情

佚 名

周末的时候,汤姆和库尔驾驶着一架小型飞机,穿越一处人迹罕至的海峡。

飞行了两个多小时后,汤姆忽然发现飞机上的仪表显示,油料马上就会用完了。他判断一定是油箱漏油了,因为他在出发前才加满油的,但此时采取措施已太迟了。

没有办法,他只好将这一不幸的消息告诉库尔。库尔马上惊恐起来。汤姆安慰他说:"别着急,我们还有降落伞呢。"

说着,他将飞机的操作杆交给了库尔,自己则去拿降落伞,然后在库尔旁边放了一个伞袋,说:"库尔,我的好朋友,我先跳,你开好飞机,到万不得已的时候再跳吧。"说完,他就跳出了机舱。

不一会儿,仪表显示油料用尽,库尔决定马上跳下去。可当他掏出伞袋时,大吃一惊,里面全是汤姆的衣物,压根没降落伞!

库尔急得大骂汤姆,然而既没油料,又没降落伞,他只好使尽全身解数,让飞机继续朝前飞。飞机慢慢地往下降,眼看就要与海面"亲密"接触了,库尔彻底绝望了,但就在这时,一片海岸呈现在他面前。

库尔喜出望外,让飞机贴着海面冲过去,"砰"的一声。飞机落在绵软的海滩上。

几天后,库尔回到镇上,拎着装有衣物的伞包来到汤姆的家门口,怒嚷道:"汤姆,你这个贪生怕死、欺骗朋友的家伙,给我滚出来!"

汤姆的母亲打开了房门,忙问:"发生了什么事?"

库尔恼怒地将事情的经过讲了一遍,并抖动着伞包,大声说:"瞧,这就是那个骗子用来骗我的东西!老天有眼,让我大难不死,放我回来找他算账了!"

汤姆的母亲呆愣了一会儿,说:"汤姆一直没回来。"然后,她认真地翻查包里的东西。很快从包底取出一张卡片,但只看了一眼,她就痛哭了起来。

库尔拿过卡片一看,也不禁失声痛哭起来。卡片是汤姆写的,字迹很潦草,看来写得十分仓促,上面写着:

库尔,我的好朋友,机下是鲨鱼区,如果跳下去必死无疑。如果不跳,飞机不堪重负,会很快坠海。但我跳下后,飞机减轻了重量,肯定能滑翔过去……你就大胆地向前开吧,祝你好运!

![阳光悟语]

人可以不富有,可以过平淡的生活,但不能没有朋友。朋友是当你孤单无助时给你带来快乐的那个人,是在灾难面前能与你荣辱与共的那个人。其实,友情就是一份责任,就是一份关怀,它能拉近两颗陌生的心,彼此成为知己。

朋　友

赵福海

古时,栾川植被茂密,苍树参天,山人以采木放筏为生。

山人放筏到洛阳一带,结识了一位友人。山人每次到朋友家做客,朋友都管吃管住,用酒肉招待他,两人情谊甚好。

一次,山人又到朋友家,朋友说:家中老母年事已高,你能否帮我给母亲在栾川备做一具棺材?

山人拍着胸脯欣然答应。

山人回栾川后,越山溪,爬高岭,钻茂林,寻找一种名叫黄栌柴的灌木。因为这种树属灌木,百年难以长到胳臂那么粗,所以山人整整寻找一年才筹齐木料。山人请匠人打制成棺材,送到洛阳友人的家中。

友人见是白茬棺材且不说,整个棺材还是用上千块碎木拼制而成,心中不悦,但是仍以酒肉款待了山人。

山人看出友人的心事,笑而不言,将一碗卤肉悄悄放到棺材中,悄然而去。

时过一年,山人又到友人家,友人以家常饭款待山人。

山人道:俺要吃肉。

友人说:我去买。

山人道:不必,去年俺在棺材中放了一碗卤肉,取出来吃就可。

友人说:那碗肉放了一年,早已发臭,如何吃?

山人打开棺材,取出卤肉,只见卤肉鲜嫩如初,香气扑鼻。

友人恍然大悟。

阳光悟语

路遥知马力,日久见人心。朋友的交往,不在一朝一夕的言行上,而在长期的坦诚交往中。

青蛙的悔恨

禹一轩

夏天来了,小蝌蚪脱下那身黑裤褂,披上了一件绿色的外套,尾巴也逐渐消失,变成了一只可爱的小青蛙。

别看这只青蛙的年纪小，它的目标却很远大，希望有一天能到天上去。于是，青蛙请求癞蛤蟆帮忙出主意。癞蛤蟆说："你要想上天，办法只有一个，就是要巴结天上的仙鸟——天鹅或者凤凰，让它们助你一臂之力。"

青蛙听了癞蛤蟆的话，便开始寻找一切机会。

这天，青蛙终于发现池塘边落着一只天鹅。它喜出望外，连忙提上早已准备好的礼物，上前搭话。

"这些礼品，微不足道，还望您……"就像臣民拜见皇上一样，青蛙不敢正视天鹅的尊颜，说话也卑微起来。

天鹅深受感动："谢谢，谢谢。难得你这片诚心。自从我受伤以来，你还是第一个来看望我的呢。"

"受伤？"青蛙这才抬眼看去，果然这只天鹅的一只翅膀耷拉着，翅膀根部鲜血淋漓。看样子，它再想飞起来只能是妄想。

"哼！"青蛙马上变了脸色，"看望你？孝敬你？我图啥？"

说完，它带上礼物，三蹦两跳就不见了。

青蛙回到家，越想越窝火："它，一只破天鹅，凭什么让我对它低三下四的？哼，走着瞧！"

第二天一早，青蛙就来到天鹅跟前，打算痛痛快快地奚落它几句，来发泄一下自己心中的闷气。不料，还未等青蛙开口，天鹅就展开翅膀，飞走了。

青蛙后悔莫及，不住地埋怨自己："我真糊涂！我真糊涂呀！怎么就没想到它还会有再上青云的这一天！"

阳光悟语

青蛙为了能到天上去而接近天鹅，又因为天鹅受伤不能立即飞上天而弃之不顾，最后又因天鹅飞走而后悔，这些都表明青蛙交朋友时功利心太强。朋友之间理应互相帮助，但是，如果你向别人提供帮助的时候满心里想的是"这样做自己能不能得到好处",那么你永远也交不到真正的朋友,永远也得不到真正的友谊。所以,朋友之间相处,应该多一些真诚,少一些功利。

最好的朋友

梨园元

狐狸骗走了乌鸦嘴里的肉之后,动物们都看清了狐狸的本来面目,都远远地躲开他。一连几天,狐狸别说觅到食物,连小动物的影子也见不到。他再也无法忍受了,便决定去离家比较远的地方碰碰运气。

很快,狐狸来到一个鸡舍前,他上前很有礼貌地敲敲门。一只母鸡从门缝里探出头,一看是狐狸,便赶忙关上了门。

狐狸想:"难道她也听说了我骗乌鸦的事?不可能,我再试试。"

"亲爱的鸡太太,我可是来给你贺喜的呀!"狐狸脸上堆满了笑容。

母鸡一听狐狸是来贺喜的,心头一阵欢喜,刚要打开门,忽然想起老山羊曾经给她讲过的故事:狐狸是个惯偷,经常偷吃人家的东西。上个月,他偷小旺家的兔子的时候,被逮了个正着,右耳朵被砍掉了一半。本来小旺打算第二天把他交给大家处置,谁知他趁夜深人静的时候溜了。

母鸡隔着门缝一看,狐狸的右耳果真缺一部分,便大声说:"哼,你骗谁?前几天你还偷了小旺家的兔子呢。"

狐狸大吃一惊,万万没有想到自己的偷名已经远扬到这里了。他轻轻咳了一声,故作镇定地说:"鸡太太,那些闲言碎语你也信?"

"哼,你还想骗我?如果你没去偷,怎么你的右耳朵缺一半呢?"

狐狸捂上耳朵,继续哄骗母鸡:"啊,亲爱的鸡太太,我觉得你比任何人都聪明。你好好想想,听说小旺家的兔子死了,我能不去慰问一下吗?谁知他们狗咬吕洞宾,不识好人心,竟认定罪犯是我,还说我嘴上的红葡萄酒汁是血。是的,我也知道我从前的名声不好。只要是丢了东西,大家就认定是我偷的。什么张家的母鸡、王家的鸭子,还有赵家的猪娃……唉! 那些侮辱我的话我都认了。但人并不是一成不变的,现在我都悔过自新了,想不到大家还是这样看待我……"说完,狐狸还使劲挤出了几滴眼泪。

母鸡看到狐狸的样子,有些心软了。于是,她打开门问:"你真的不再偷人家的东西了?"

"我还能骗你? 我的心最善良,见了血会吓得浑身发抖;我最温柔,是你最好的朋友。这不,听说你昨天生了几个宝宝,我特地来给你当帮手。我有高级保姆证书,一定能让你的宝宝个个优秀。"

母鸡听了,满心欢喜地把这位"最好的朋友"请进了门。

一进门,狐狸径直来到鸡宝宝面前,微笑着摸摸这只又摸摸那只,"细心地照看"着鸡宝宝们。母鸡见了,高兴地笑了。

第二天,母鸡把鸡宝宝交给狐狸,放心地出门办事去了。

中午,她回来时,家里空荡荡的,地上只有几摊血和几块骨头……

常言说:"多一个朋友,多一条路。"但是,交友一定要慎重,否则就如引火烧身,会给自己带来无法弥补的损失。故事中的母鸡明知狐狸是个惯偷,经常偷吃人家的东西,明明看见狐狸的右耳朵缺一半,却轻信他的甜言蜜语,最终痛失可爱的鸡宝宝。但愿母鸡能从这血淋淋的事实中吸取教训。

爱因斯坦曾经说过:"世界上最美好的事情,莫过于有几个头脑和心地都很正直的真正朋友。"所以我们选择朋友的时候,一定要擦亮自己的眼睛,选择那些品德高尚的人。只有这样,我们才能真正体会友谊的力量,我们的人生之路才能越走越宽广。

第十五章

提示

爱你最近的人

　　谁不是在亲情的关爱下长大？亲情的力量跨越时间而存在，终其一生温暖着我们心灵的家园。亲情所包含的无私情怀、奉献精神、感人事迹，多到无法用语言来描摹得尽。亲情是我们永远都不可或缺、永远也忘怀不了的人生风景。

多活两天的奇迹

陈露露

在一列开往深圳的火车上，一位年轻的妈妈带着儿子，去探望在深圳工作的丈夫。他们从遥远的黑龙江出发，因为没钱买飞机票，需要坐两天两夜的火车。

儿子才5岁，刚坐上火车时，还感觉很新奇，也挺乖的，可是坐了半天还不到站，他就急了，吵着闹着要下车。妈妈一面向其他乘客道歉，一边轻声细语地安慰着儿子。

傍晚，儿子吵着要吃梨，妈妈掏出水果刀帮他削皮。忽然淘气的儿子用力一推，妈妈倒向一边，刀子刺进了她的胸口。她整个人都在发抖，儿子却仍然在一旁笑闹着，丝毫没有觉察到。

幸好是冬天，衣服穿得厚，因为要坐火车，她还专门穿了一件深色的羽绒服，血渗到深色的羽绒服里，别人根本发现不了。

她慢慢地稳定了心神，然后悄悄地用纸巾擦掉了刀锋上的血迹。

以后的两天，妈妈照常每天晚上给儿子讲故事，白天指导他观赏窗外的风景，一切都好像往常一样。幼小的儿子却没有发现妈妈的脸色变得越来越苍白，妈妈的眼神是那么忧伤。

火车抵达深圳的那天早上，妈妈将儿子紧紧抱在怀里，说："以后要听爸爸的话，不要再惹爸爸生气了。"说完，她俯身，在儿子的额头上深深印下一个吻。

火车到站了，儿子一眼就发现了人群中的爸爸，他张开双臂，奔向爸爸，嘴里喊着："爸爸！爸爸！"

突然，人群中一片惊呼，儿子一回头，看见妈妈已摔倒在地上，脸色苍白。

尸检的结果让医生惊呆了：那把水果刀深深地刺进了她的心脏，两天前她就应该当场毙命的，但她却比普通人多活了两天，而且没让任何人发觉。

这件事震惊了整个医学界。一家颇有名气的医学院还专门组织了研究小组来研究这个问题。最终他们得出了一个颇有说服力的答案：由于创口太小，使得被切断的心肌依原样粘在一起，维持了两天的供血。

但当他们把这个研究结果报告给导师时，那位白发苍苍的老医生却摇了摇头，然后一字一顿地说："创造这个奇迹的是母爱！"

阳光物语

世界上最珍贵的东西是什么？是金钱？是宝石？都不是，是爱。爱是博大无私的奉献，我们都在爱心中孕育成长。

故事中的儿子是幸福的。他的妈妈因为不放心他一个人度过那么漫长的路途，在被水果刀刺中心脏的情况下，若无其事地陪他走完了旅程，将他送到了爸爸身边。可以说，是对儿子的不舍才让妈妈创造了那个奇迹——多活了两天。

母爱是一种博大的爱，有时如涓涓细流，有时却汹涌澎湃……

孩子是她奔跑的力量

佚　名

切默季尔的全家都住在山区，她的丈夫是个老实巴交的庄稼汉，除了种地一无所长。一年前，切默季尔还一筹莫展，为无法给四个孩子提供学费暗自伤心。

丈夫一边抽着烟一边安慰她："谁叫孩子生在咱穷人家，认命吧！"

如果孩子们不上学，只能继续穷人的命运！难道只能认命？她不甘心。

当地盛行长跑运动，名将辈出，若是取得好名次，会有不菲的奖金。她还是少女时，曾被教练相中，但因种种原因没能参加训练和比赛。此刻，她脑中灵光一闪：不如去练习马拉松！

马拉松是一项极限运动，坚强的意志和优秀的身体素质缺一不可。

她已超过了25岁,没有足够的营养供给,从未受过专业基础训练,凭什么取胜?冷静之后,她也胆怯过,可是除此之外别无他途。如果连做梦的勇气都没有,那将永无改变的可能。

丈夫最后也同意了她大胆的"创意"。第二天凌晨,天还黑着,她就跑上崎岖的山路。只跑了几百米,她的双腿就像灌了铅一般。她停下喘口气,然后接着再跑。

与其说她是用腿在跑,不如说她是用意志在跑。跑了几天,她的脚上磨出无数的血泡。她也想打退堂鼓,可回家一看到嚷着要读书的孩子,她又为自己的懦弱感到羞愧。

不能退缩!她清醒地知道,这是唯一的希望!

训练强度逐渐增加,但她的营养远远跟不上。有一天,日上三竿,她仍然没有回家。丈夫担心她出事,赶紧出门寻找,终于在山路上发现了昏倒在地的妻子。

他把妻子背回家里。孩子们全部围了上来,大儿子哭着说:"妈妈,不要再跑了,我不上学了!"

她握着儿子的小手,泪水像断线的珠子涌出,一言不发。次日一早,她又独自一人,跑在了寂静的山路上。

经过近一年的艰苦训练,切默季尔第一次参加国内马拉松比赛,便取得了第七名的好成绩,开始崭露头角。有位教练被她的执着深深感动,自愿给她指导,她的成绩更加突飞猛进。

终于,切默季尔迎来了内罗毕国际马拉松比赛。为了筹集路费,丈夫把家里仅有的几头牲口都卖了,这可是家里的全部财富……发令枪响后,切默季尔一马当先跑在队伍前列,这是异常危险的举动,时间一长可能会体力不支,甚至无法完成比赛。但为了孩子,为了家庭,她豁出去了。

或许上天也被切默季尔的真诚所感动,2小时39分零9秒之后,她第一个冲过终点线。那一刻,她忘了向观众致敬,趴在赛道上泪流满面,疯狂地亲吻着大地。

突然冒出的黑马，让解说员不知所措，手忙脚乱，忙活了好半天才找齐她的资料。

颁奖仪式上，有体育记者问她："您是个业余选手，而且年龄处于绝对劣势，我们都想知道，究竟是什么力量让您战胜众多职业高手，夺得冠军？"

"因为我非常渴望那7000英镑的冠军奖金！"此言一出，场下一片哗然。

她的话太不合时宜，有悖于体育精神。切默季尔抹去泪水，哽咽着继续说："有了这笔奖金，我的四个孩子就有钱上学了，我要让他们接受最好的教育，还要把大儿子送到寄宿学校去。"喧闹的运动场忽然寂静，人们这才明白，原来，孩子才是她奔跑的力量。瞬间，场下响起雷鸣般的掌声，那是人们对冠军最衷心的祝贺，也是对母亲最诚挚的祝福。

阳光话语

有一种爱让人无法忘怀，它就是母爱。母爱是人世间最伟大的爱，它像一束巨大的火焰，燃烧着自己，却把光明和温暖送给了孩子。人在危难的时候，第一个想到的就是母亲，因为她是孩子的保护神，是希望的象征。

爱能改变一切

佚 名

詹妮婚礼那天早晨，阳光明媚而温暖。一切都很顺利。她生命中最重要的时刻就要来临了。詹妮穿着母亲亲手为她缝制的美丽的婚纱，内心充满了喜悦和对未来的憧憬。

然而，就在这时，醉醺醺的父亲东倒西歪地向她走来——这个时刻，每个新娘都是由父亲挽着自己的手，把自己亲手交给新郎的。父亲嘴里呼出的酒气熏得詹妮几乎窒息，他伸出手挽起她的胳膊时竟险些跌倒。

与此同时,《婚礼进行曲》响起来了——是迈步向前走的时候了。

詹妮极力掩饰,装出美丽的微笑,用尽全力支撑着父亲,不让他倒下——本来应该是父亲挽着她的!他每走一步都踩在她长裙的下摆上。等到詹妮握着新郎的手站在圣坛上,对她来说,婚礼中最重要的部分已经给破坏掉了。詹妮很生气,内心受到了极大的伤害。那一刻,她决定永远不原谅自己的父亲。

詹妮永远也不原谅父亲的决定持续了3年,一直到生下自己的儿子后,她开始常常想起父亲,开始对父亲放心不下。她爱她的孩子,忽然想起自己的父亲:"我小时候他也是爱我的。"她不禁自责,自责自己的残忍。她忽略了没有父亲就不会有她的事实,而没有她怎么会有她的儿子?怎么会有儿子的到来带给她的莫大惊喜?这样一想,她意识到父亲的嗜酒不过是一种病,而她对自己父亲的病怎么能怨恨,怎么能漠视不管呢?她实在无法再原谅自己了。

随后,她结婚3年来第一次给父亲打了电话。

父亲的第一句话就是:"我为我给你和家里其他人带来的所有痛苦感到抱歉。我知道我没有几年好活了,但我希望在余下的日子里,我能够清醒地活着。……你会原谅我吗?"

"会的!"她毫不犹豫地说,"我已经原谅您了,爸爸,也请您原谅我,我以前从来没有关心过您,没有爱过您。"父亲哭了。她能够感觉得到郁积在自己心中的怨恨在一点一点消融,被伤害的创口开始慢慢地愈合。

父亲在随后的日子里一直保持着清醒的状态。他戒了酒,并随后和詹妮住在了一起。

世界上有一种爱,它像是太阳,即使在乌云密布的日子里,也能让人感受到光芒,这种爱就是父爱。父爱是一座山,高大威严;父爱是一汪水,深藏不露;父爱更是一双手,抚摸着我们走过春夏秋冬。

子路背米

佚 名

春秋时期,有个年轻人叫子路。子路家里很穷,经常吃了上顿没下顿,但他很孝顺,宁可让自己饿肚子,也要让父母吃上饭。后来,子路家的日子好过了些,他更是把父母照顾得无微不至,父母爱吃什么,他总会想方设法买回来。

一天,子路在集市上看见有人在卖大米。他从没见过大米,觉得很新鲜,又听说用大米煮饭比小米饭好吃,就想让父母尝尝,便买了一口袋大米,自己背着步行五十多里回到了家里。

回家后,子路把大米煮成饭,然后亲自为父母各盛了一碗。第一次吃到白米饭的母亲赞不绝口:"真香啊!想不到白米饭这样好吃。"子路很高兴,又让母亲多吃一些。

不久,子路背回来的大米吃完了。母亲见吃的又是小米饭,就皱着眉头,回自己的房间去了。

子路知道母亲想吃大米饭。第二天天不亮,他就动身去集市,直到天黑才赶回家。一进门,他就喊:"娘,我买回大米了!"

母亲见了,含着泪说:"孩子,来回要走一百多里路!你怎么干这种傻事呢?"

"娘,没事!我有的是力气!"子路擦擦额头上的汗,笑着说:"等这些米吃完了我再去买!"

母亲终于又吃上了白花花的大米饭。就这样,子路经常跑一百多里路,到集市上去买大米。

后来,子路渐渐长大了,他拜了孔子为师,并深受孔子的器重。不过他始终惦记着母亲,每过一段时间,就请假回一次家,背些大米回去。

孔子得知缘由后,不禁赞叹:"子路真是个孝子啊!"

至今,济河边还立着一块石碑,碑上写着"子路负米息肩处"几个字,作为对子路孝敬母亲的纪念。

百善孝为先，子路不辞辛苦来回百里为母亲买米，堪称孝行典范。家庭有富有穷，地位有高有低，但对父母的孝心是不分贫富和高低的。孝敬父母，不一定要为父母做什么惊天动地的大事，有时候，一杯热茶、一句问候等生活小事，也能体现出你的孝心。

汉文帝亲尝汤药

雪 莉

汉文帝是汉高祖刘邦的第四个儿子，是嫔妃薄姬所生。他原本不是太子，后因孝顺贤能，而被群臣拥为皇帝。

当了一国之君的汉文帝，坚持以"仁孝"治理天下，他侍奉生母薄太后非常体贴。在他心中，母亲的身心安泰是天大的事。有一次，薄太后不幸病倒了，汉文帝请来最好的医生给母亲治病。看到母亲憔悴的样子，汉文帝尽心尽力在床前照顾，几乎食不甘味，夜不能眠。为了照料病中的母亲，他常常是夜不脱衣。

为了能早点治好母亲的病，汉文帝把所用汤药的剂量牢记于心，对于什么时候用药、如何熬制才能充分发挥药效等，他都能恰当掌握。每次汤药煎好，给母亲喝之前，文帝都要自己先尝一尝，品一品熬煮药的火候是不是适中，温度是否适合，会不会太苦，直到适宜母亲服用之后，才放心地端给母亲。

在汉文帝的悉心照料下，薄太后的病情终于有了好转。她心疼地对汉文帝说："我的病又不是三两天就能好的，你不要这么操劳了，以后叫宫女们服侍我就行了。"

汉文帝急忙跪倒，诚恳地说："如果孩儿不能在您有生之年孝敬您，那要到什么时候才能报答您的养育之恩呢？"

汉文帝虽贵为天子，却能在久病的母亲床前尽孝。他的"仁孝"，传遍了四方，感化了所有的官员、百姓。

汉文帝在位的 23 年，仁慈简朴，减租减税，妥善安置孤寡的人，把国家治理得井井有条。中国历史上有名的"文景之治"，其中就包括汉文帝统治的历史时期。

阳光悟语

人们常说，久病床前无孝子。对病人细心地照顾多年，这是非常不容易的事，但日理万机的汉文帝却做到了，这难道不值得我们深思吗？

现在生活中，许多人整天忙于追名逐利，很少牵挂家中的父母，更别说去尽心尽力照顾他们。不久的将来，我们也将老去，如果我们的儿女不来好好尽孝，那种滋味，怎一个"苦"字了得？

第十六章

提示 **随时清扫自己**

有什么样的思想,就有什么样的行为;有什么样的行为,就有什么样的习惯;有什么样的习惯,有就什么样的性格;有什么样的性格,就有什么样的命运。

——查·艾霍尔

谁没出息

佚　名

两个年轻人一同寻找工作。一个是英国人,一个是犹太人。

一枚硬币躺在地上,英国青年看也不看,走了过去;犹太青年却激动地将它捡了起来。

英国青年回头看了看,对犹太青年一脸鄙视,心想:一枚硬币也捡,真没出息!

犹太青年望着英国青年的背影,心想:没钱还让钱白白地从身边溜走,真没出息!

两年后,两人在街上相遇,犹太青年已成了富有的老板,而英国青年还在寻找工作。

英国青年对此不可理解,说:"你这么没出息的人,怎么能这么快就'发'了?"

犹太青年说:"因为我把每一分钱都当作宝贝一样,积累起来了。"

世界上有两种人最可恶:一是不知道节俭的人,二是经常说谎的人。前者不懂得珍惜,后者只知道欺骗。真正受人尊重的是那些"勤则不匮"的人。

"勤"与"俭"

佚　名

从前,在中原的伏牛山下,住着一个叫吴成的农民。他一生勤俭持家,日子过得无忧无虑,十分美满。相传他临终前,曾把一块写有"勤俭"两字的横匾交给两个儿子,告诫他们说:"你们要想一辈子不受饥挨饿,就一定要照这两个字去做。"

后来，兄弟俩分家时，将匾一锯两半，老大分得了一个"勤"字，老二分得了一个"俭"字。老大把"勤"字恭恭敬敬高悬家中，每天"日出而作，日落而息"，年年五谷丰登。然而他的妻子却过日子大手大脚，孩子们常常将白白的馍馍吃了两口，就扔掉。久而久之，家里就没有一点儿余粮。老二自从分得半块匾后，也把"俭"字当作神谕供放中堂，却把"勤"字忘到九霄云外。他疏于农事，又不肯精耕细作，每年所收获的粮食就不多。尽管一家几口节衣缩食、省吃俭用，年年粮食却也像老大家一样，毫无节余。这一年遇上大旱，老大、老二家中都早已是空空如也。他俩情急之下扯下字匾，将"勤""俭"二字踩碎在地。这时候，突然有纸条从窗外飞进屋内，兄弟俩连忙拾起一看，上面写道："只勤不俭，好比端个没底的碗，总也盛不满！""只俭不勤，坐吃山空，一定要受穷挨饿！"兄弟俩恍然大悟，"勤""俭"两字原来不能分家，相辅相成，缺一不可。吸取教训以后，他俩将"勤俭持家"四个字贴在自家门上，提醒自己，告诫妻室儿女，身体力行。此后，两家的日子过得一天比一天好。

阳光悟语

"勤""俭"相生相伴，不能分家。勤奋才能创造和积累财富，节俭才能珍惜和储藏财富。只勤不俭，容易挥霍浪费；只俭不勤，只会坐吃山空。必须把二者结合起来才是真正的生财之道和持家之道。

季文子的故事

佚 名

季文子出身于三世为相的家庭，是春秋时代鲁国的贵族、著名的外交家，为官30多年。

他一生俭朴，以节俭为立身的根本，并且要求家人也过俭朴的生活。他穿衣只求朴素整洁，除了朝服以外没有几件像样的衣服，每次外出，所乘坐的车马也极其简单。

见他如此节俭，有个叫仲孙它的人就劝季文子说："您身为上卿，德高望重，但听说您在家里不准妻妾穿丝绸衣服，也不用粮食喂马。您自己也不注重容貌服饰，这样不是显得太寒酸，让别国的人笑话您吗？这样做也有损于我们国家的体面，人家会说鲁国的上卿过的是一种什么样的日子啊！您为什么不改变一下这种生活方式呢？这于己于国都有好处，何乐而不为呢？"

季文子听后淡然一笑，对那人严肃地说："我也希望把家里布置得豪华典雅，但是看看我们国家的百姓，还有许多人吃着粗糙得难以下咽的食物，穿着破旧不堪的衣服，还有人正在受冻挨饿；想到这些，我怎能忍心去为自己添置家产呢？如果平民百姓都粗茶敝衣，而我则装扮妻妾，精粮养马，这哪里还有为官的良心？况且，我听说一个国家的强大与光荣，只能通过臣民的高洁品行表现出来，而并不是以他们拥有美艳的妻妾和良骥骏马来评定的。既如此，我又怎能接受您的建议呢？"这一番话，说得仲孙它满脸羞愧之色，同时也使得他内心对季文子更加敬重。

此后，他也效仿季文子，十分注重生活的简朴，妻妾只穿用普通布做成的衣服，家里的马匹也只是用谷糠、杂草来喂养。

阳光悟语

季文子心怀天下之忧、民间疾苦，所以即使身处朝堂，也过着十分俭朴的生活。很多古人都有这种立足天下、关怀百姓的责任感，所以他们以节俭立身，一方面出于与百姓同进退的价值观，另一方面又体现了清苦高洁的人格情操。

把兴趣变成习惯

佚　名

查德·罗伯茨是美国著名的科学家，他是世界上最早发现核酸生物转换过程的科学家，并获得了诺贝尔奖，人们称他为"生物化学上的猛士"。

　　理查德·罗伯茨小时候非常聪明，学习成绩不错，大家都很喜欢他。可是小孩子总有一点儿贪玩儿调皮，小理查德也不例外。

　　一天开会时，老师们说起自己的担心：要是小理查德养成贪玩儿习惯，以后聪明不用在正道上，那一棵好苗子就给毁了。一时间，大家议论纷纷。

　　这时候，校长讲话了："这件事就交给我吧。"

　　放学后，小理查德正在收拾书包，校长突然走过来，悄悄递给他一张纸条，神秘地冲他笑笑离开了。

　　小理查德很奇怪。到底发生了什么事呢？他展开纸条一看，原来是一道智力题，似乎涉及课堂上没学到的内容。校长想考考我吗？他想。

　　小理查德觉得很有意思，他边走边琢磨，回家也顾不上玩儿，查了不少资料，想了很久，直到做出来才去睡觉。

　　第二天，小理查德找到校长，一脸自豪地把答案递给他。

　　校长看着答案点点头，又掏出一张小纸条递给小理查德。小理查德笑笑："我一定会做出来的。"

　　此后，校长常常悄悄递给小理查德一些题目，要是小理查德做出来了，他会表扬几句，然后拿出一道难一些的题目；要是做不出来，他就会在放学后把小理查德叫到办公室讲解。

　　小理查德觉得这件事情非常有意思，不肯服输的劲儿上来了，总是绞尽脑汁不被校长的题目考倒，平时有空也自觉地多看书学习，为下一道题做准备。到后来，他每天学习看书已经成了习惯，反而觉得嬉戏玩闹没意思。

　　许多年后功成名就的理查德回忆起这一切，非常感激校长，是他的纸条让自己养成了受益一生的习惯。

兴趣需要特殊的方法激发,良好的习惯要一日一日地养成。当在不知不觉中,把自己的兴趣转化为良好习惯之后,那么你离成功也就不远了。每个有所成就的人,不都是把兴趣当成习惯了吗!

我喜欢看书

安 琪

本杰明·富兰克林是18世纪美国最伟大的科学家和发明家,可是他曾经是个特别贪玩而且不喜欢看书的孩子。

富兰克林小时候家境贫寒,父母节衣缩食省下钱给他买了许多书,摆在很显眼的地方。但是富兰克林看书时,只要听到外面有动静,就扔下书往外跑。

一个星期天的上午,富兰克林刚捧起书,墙外就传来伙伴们的嬉笑声,他把书一扔,飞快地跑出了家门。不一会儿,他满头大汗地跑回来,拉住妈妈的手说:"妈妈,快帮帮我吧!"

"怎么了,孩子?"妈妈吃惊地问。

"下午,我们就要比赛了。谁能告诉大家金字塔的知识,谁就是最聪明的人。"

妈妈听了,开始耐心地给他讲金字塔的有关知识。

富兰克林听完,自豪地说:"妈妈,你真棒。你一定是世界上最聪明的人。"

"孩子,我可不是世界上最聪明的人。这些知识都是我从书上看来的。"

妈妈见富兰克林一副懵懂的样子,便解释说:"我并没有去过埃及,如果不看书,怎么会知道金字塔呢?书里面不仅有金字塔,还有许许多多有趣的东西。谁想成为世界上最棒的人,那他就得多读书,吸取书中的精华，把它们变成自己的东西。"

富兰克林恍然大悟。从此，他对书产生了浓厚的兴趣。读书时，如果有小朋友拉他去玩，他总是摆摆手说："你们去吧，我喜欢看书。"

后来，不论多忙，富兰克林仍然坚持每天学习。为了进一步打开知识宝库的大门，他又开始学习外语，先后掌握了法文、意大利文、西班牙文及拉丁文。富兰克林通过读书，广泛地接受了世界科学文化的先进成果，这为他的科学研究奠定了坚实的基础。

书籍是人类的精神食粮，任何人的成长过程都离不开这份神奇的养料。小富兰克林从书中获得了知识，最终成为18世纪美国最伟大的科学家和发明家。

余秋雨说："阅读的最大理由是想摆脱平庸，早一天就多一分人生的精彩，迟一天就多一天平庸的困扰。"所以，如果你不想碌碌无为，如果你想拥有美丽的人生，那就多读点好书吧。

珍惜时间的爱迪生

刘　柳

爱迪生被誉为"世界发明大王"，他的成功无不与他对时间的珍惜密切相关。爱迪生好奇心特别强，还在幼年时，他就特别喜欢读书和做实验，直到明白了其中的道理为止。长大后，他在新泽西州建立了一个实验室，一心一意继续做研究和发明。

"浪费，最大的浪费莫过于浪费时间了。"爱迪生常对助手说，"人生太短暂了，要多想办法，用极少的时间办更多的事情。"

一天，在实验室工作时，爱迪生递给助手一个没上灯口的空玻璃灯泡，说："你测一下这个灯泡的容量。"说完，爱迪生又低下头忙碌起来。

过了好长时间，爱迪生问："容量多少？"他没有听见回答，转头看见助手正在紧张地工作——拿着软尺测量完灯泡的周长、斜度，然后伏在桌上快速地计算着。爱迪生说："时间，时间，怎么会费那么多的时间呢？"他走过来，拿起那个空灯泡，向里面注满了水，交给助手，说："请把里面的水倒在量杯里，马上告诉我它的容量。"

助手立刻读出了数字。

爱迪生语重心长地说："这个测量方法多么容易啊，它又准确，又节省时间，你怎么没想到呢？还去算，那不是白白地浪费时间吗？"

助手的脸红了。

爱迪生感叹道："人生太短暂了，太短暂了，要节省时间，多做些事情啊！"

为了实验，爱迪生常常连续几天不出实验室，不睡觉，实在累得不行了，就用书当枕头在实验桌上打个盹儿。他的朋友见了，开玩笑说："怪不得爱迪生有那么多的发明，原来他连睡觉时都在吸收书里的营养。"

一天，爱迪生到税务局去纳税。在排队等候时，他头脑里还装满了研究的事，工作人员叫到他的名字时，他也没反应。旁边的一个熟人提醒他："喂，喊托马斯·爱迪生呢。"可是爱迪生却说："哦！对了，我听到叫这个名字了。这不是我的名字吗？"潜心研究的爱迪生竟忘了自己的名字。

经过惜时如金的不停研究，爱迪生陆续发明了电灯、电报机、留声机、电影机、磁力析矿机、压碎机等总计 2000 余种东西，为人类的文明和进步做出了巨大的贡献。

阳光物语

大发明家爱迪生的故事告诉我们：只有珍惜时间的人，才会是个成功的人。时间是宝贵的。对于医生来说，时间就是生命；对于商人来说，时间就是金钱；对于学生来说，时间就是知识。

鲁迅先生有句名言："浪费自己的时间等于慢性自杀，浪费别人的时间等于谋财害命。"因此,我们都要做个遵守时间、珍惜时间的人。

提水与引水

佚　名

很久很久以前,英国的一个村子里,住着两个年轻人,一个叫柏罗,一个叫布诺。他俩是最要好的朋友,聪明又勤奋,而且他们都有着美好的梦想——成为村里最富有的人。

一天,幸运降临了。他们承担了把附近河里的水运到村广场的水缸里去的任务。只要他们每天把村里的水缸都装满,就会按桶得到相应的报酬。

"我们的梦想快要实现了!"布诺高兴地欢呼,"我简直不敢相信我们会有这么好的运气。"

但柏罗却不是这样想的。他的背又酸又痛,提水桶的手也起了泡。他很害怕每天早上都去做这个同样的工作。于是,他暗暗下定决心要想一个更好的办法,将河里的水运到村里来。

"布诺,我们修一条管道,把水引进村里吧。"第二天早上,柏罗说。

"修一条管道?"布诺大声嚷道,"柏罗,我们这份工作不是很棒吗?我一天提 100 桶水,就能挣 1 元钱!照这样下去,一个星期后,我就能买新衣服。一个月后,我就能买一头牛。半年之后,我就可以盖一间新房子。我这辈子都不用发愁了!还修什么管道?"

柏罗耐心地向布诺解释这个计划,可惜这并没有改变布诺的想法。于是柏罗用白天的一部分时间提桶运水,用另一部分时间和周末来建造管道。他知道,在坚硬的土壤中挖出一条管道是一件很艰难的事,而且在开始的时候,自己的收入肯定会下降。但他坚信他的梦想会实现,于是他坚持去做。

布诺的生活逐渐好起来了,他买了亮闪闪的新衣服,还能在饭馆里吃可口的饭菜,他还买了一头毛驴,新盖了两层的楼房。连村民们都尊敬地称他为"布诺先生"。

而柏罗却不改初衷，依然起早贪黑地坚持修建管道，他不断地提醒自己：明天梦想的实现是建立在今天的牺牲上的。

时间一天一天过去了，柏罗继续挖。渐渐地，管道由 3 厘米变成了 30 厘米，然后是 1 米、2 米……

有一天，柏罗意识到他的管道已经完成一半了，这也意味着他只需提桶走一半路程了。柏罗把这多出的时间也用来建造管道。终于，完工的日期越来越近了。

在柏罗休息的时候，布诺还在费力地运水。由于长期的劳累，布诺的背驼得厉害，步伐也开始变慢了。布诺闷闷不乐，经常花很多时间泡在酒馆里。而人们也开始因为他的样子而取笑他。

最后，柏罗的重大时刻终于来了——他的管道完工了！柏罗不再需要用桶提水了。无论他是否工作，水都会源源不断地流进来。他吃饭时，水在流进来；他睡觉时，水也在流进来；他去玩时，水仍然在流进来。流入村子里的水越多，流入柏罗口袋里的钱也越多。

阳光悟语

柏罗和布诺都很聪明勤奋，都有美好的梦想，但他们最大的区别就是：柏罗改进了提水的方法，提高了效率。最后他成功了，他通过努力改变了自己的命运。

因此，不管做什么事情，我们都要养成注重方法、注重效率的好习惯。

第十七章

提示

生命不打草稿

有这样一种说法：四流的人错过机会，三流的人等待机会，二流的人寻找机会，一流的人创造机会。在这个世界上，取得成功的人是那些努力寻找他们想要的机会的人，如果找不到机会，他们就去创造机会。机会转瞬即逝，行动起来，不要让它从身边悄悄溜走。

人生没有第二次选择

佚　名

几个学生向苏格拉底请教成功的真谛。苏格拉底把他们带到一片果林旁边。

"你们各顺着一行果树，从林子这头走到那头，每人摘一枚自己认为最大最好的果子。不许走回头路，不许做第二次选择。"苏格拉底吩咐说。

学生们出发了，他们都十分认真地做着选择。当他们到达果林的另一端时，老师已在那里等着他们了。

"你们是否都摘到自己满意的果子了？"苏格拉底问。

"老师，让我再选择一次吧！"一个学生请求说，"我走进果林就发现了一个很大很好的果子，但是我怕后边还有更大更好的，就没有摘。但是当我走到林子的尽头时，才发现第一次看见的那枚果子就是最大最好的。"

其他学生也纷纷请求再选择一次。

苏格拉底摇摇头说："孩子们，人生就是如此，没有第二次选择。"

生活就是这样，一旦错过了就意味着永远地失去。所有的悔恨、自责已无济于事，唯一可做的是以后别再犯同样的错误。成功的秘诀是当好机会来临的时候，别犹豫，立刻抓住它。

砌墙工人的命运

佚　名

三个工人在砌一堵墙。

有人过来问："你们在干什么？"

第一个人没好气地说："没看见吗？砌墙。"

第二个人抬头笑了笑，说："我们在盖一幢高楼。"

第三个人边干边哼着歌曲，他的笑容很灿烂："我们正在建设一座新城市。"

10年后，第一个人在另一个工地上砌墙；第二个人坐在办公室中画图纸，他成了工程师；第三个人呢，是前两个人的老板。

英国诗人丁尼生说："人就是人，是自己命运的主人。"你手头的小工作其实正是大事业的开始，能否意识到这一点意味着你能否做成一项大事业。小工作其实正是大事业的开始。

同一件小事情，凡人只看到了表面、静止的一面；智者预料到了它的发展前景。对一份小工作的理解决定了一个人的态度，一份态度决定了一个人的命运。很多大成绩都是从小事情开始起步的，只要用心观察，小事情也能品味出大道理。

钓大鱼的工具

佚 名

杰瑞米与一些朋友去加拿大旅行，在一次钓鱼的准备中，他坚持要买一根重型的钓鱼竿和线轴。当一些人看见他的新钓具时，跟他开玩笑："你打算捉一条鲸鱼吧？"杰瑞米毫不理会这些听起来似乎会打消他信心的言辞。

有一个人的鱼线被挣断了，那人抱怨说他应该准备重一些的钓具。之后，杰瑞米的线突然被拉紧了，是一条大鱼！45分钟以后他把战利品拖上了船，一条20多千克重的大家伙！人们都肃然起敬。

因为杰瑞米教给他们一个道理：如果你想钓一条大鱼，那你要先准备好钓大鱼的工具。

想钓大鱼就要准备好钓大鱼的工具。如果机遇就是那条大鱼，我们要准备更大的工具，做更多的准备，才能抓住机会。

偶得的发明

佚 名

德国化学家弗里德利希·舍恩拜因发明炸药时很富有戏剧性。他曾反复进行酸类试验，但他的妻子不许他把有强烈刺激性的化学制剂带到厨房去。一天舍恩拜因乘妻子外出之机，偷偷跑到厨房搞试验。也许是因为心慌意乱，他把一种混合剂弄洒了。为了消除痕迹，不被妻子发现，他抓起妻子的围裙就擦，然后又把它搭在炉子上烘烤，谁知围裙竟不翼而飞。舍恩拜因即刻意识到棉织品中的天然纤维素可以和硝酸起化合反应，于是竟在慌乱中发现了硝化纤维素。这就是后来在战场上广为使用的炸药。

机会往往在偶然中出现。生活中处处留心，注意观察，勤于思考，就能于偶然中看到机会、抓住机会。

放弃才会有生命

佚 名

劳而诺是法国著名的探险队员。1978 年，他随法国探险队成功登上珠穆朗玛峰。而在下山的路上，他们却遇上了狂风大雪，每行一步都极其艰难。最让他们害怕的是，风雪根本就没有停下的迹象。

这时，他们的食品已为数不多，如果停下来扎营休息，他们很可能在没有下山之前，就会被饿死；如果继续前行，大部分路标早已被大雪覆盖，不仅要走许多弯路，而且，每个队员身上所带的增氧设备及行李等物，会压得他们喘不过气来，这样下去就会步履缓慢，他们不饿死，也会因疲劳而倒下。在整个探险队陷入迷茫的时候，劳而诺率先丢弃所有的随身装备，只留下不多的食品，轻装前行。

他的这一举动几乎遭到所有队员的反对，他们认为现在下山最快也要10天时间。这就意味着这10天里不仅不能扎营休息，而且还可能因缺氧而使体温下降，导致冻坏身体。这对他们的生命，将是极其危险的。面对队友的顾忌，劳而诺很坚定地告诉他们："我们必须而且只能这样做，这样的风雪天气十天半月都有可能不会好转，再拖延下去，路标也会被全部掩埋，而丢掉重物，就不允许我们再有任何幻想和杂念，只要我们坚定信心，徒手而行，就可以提高行走速度，也许这样我们还有生的希望！"

最终队员们采纳了他的意见，一路上相互鼓励，忍受疲劳和寒冷，不分昼夜地前行，结果只用了8天时间，就到达了安全地带。而恶劣的天气，正像劳而诺所预料的那样，从未好转过。

后来，法国博物馆的工作人员找到劳而诺，请求他赠送任何一件与法国探险队当年登上珠穆朗玛峰有关的物品，不料收到的却是劳而诺因冻坏而被截下的10个脚趾和5个右手指尖。当年的一次正确的放弃，挽救了所有队员的生命；也是由于这个选择，他们的登山装备无一保存下来，而冻坏的指尖和脚趾，却在医院截掉后，留在了身边。这是博物馆收到的最奇特而又最珍贵的赠品。

阳光悟语

对于生命来讲，其他的一切都是不重要的。如果你背负过重，那你的生命将会因为有太多的累赘而最终被毁掉。因此，在某些时候，你必须学会放弃，就算阻碍你的是你宝贵的肢体，你也得忍痛割爱，毕竟保留的才是你最需要的。

成功来自用心的努力

佚　名

有个年轻人事业上遇到了挫折,为了排遣心中的苦闷,他独自一人到海边散心,结果无意中捡到了一个空空的玻璃瓶。

他本不想理会那个玻璃瓶,想随手丢弃,但他仿佛从那个玻璃瓶中听到有人在和他说话:"只要你肯把我放出来,我保证你以后一定会大富又大贵。"

听着仿佛是普希金的诗篇中《渔夫的故事》,这让年轻人踌躇了好久。

一番沉思后,年轻人心中已经有了主意,他并没有将那玻璃瓶打开,而是很小心地把它带回家收藏起来。他重新开始了自己的事业,经过多年的努力,已经取得了巨大的成功。

这是 30 年前的一段往事,虽然有点儿接近神话,但他并未相信。他是靠着自己的努力,如今成为一家跨国集团的老板。虽然 30 年前,他只要打开那玻璃瓶,就可能会得到一笔巨大的财富,但他并没有那么做,而是靠自己的努力,实现了很多梦想。

乌苏来·拉关说:"当完成一段旅程后,那种感觉真的很棒;但最重要的,还是旅程本身。"我们一生中都会遇到各种各样的好运气,有时还会让你得到意想不到的财富,可以暂时改变你的生活。但是对这种轻轻松松得来的意外之财,因为来得太容易,我们往往不会太珍惜,结果往往又会很快地流去。

真正的成功,是靠着自己的心血和汗水,努力打拼而来。因为它浇注了你的用心,所以是最踏实、最长久的。

阳光悟语

父母给予你的幸福,可能会随着父母的离开而离开;朋友给予你的幸福,可能会因为友情的淡薄而消失;命运赐予你的幸福,可能会因为命运的不测而离你远去。别人赠予的幸福都是脆弱的,只有自己打拼得来的成功才是最牢固的。

把普通做到极致

佚　名

森井是个日本小零售商的儿子,大学毕业后一直没能找到合适的工作,只好回家帮助父亲打理生意,可因为种种原因,生意一直没有起色,他很着急。

有一天,小店里来了一个客人,要买含气矿泉水,森井想也不想,递过一瓶普通矿泉水。

客人连连摇头,又扫了一眼货架,说:"罢了,这样普通的小店怎么会有含气矿泉水呢?"

森井既惭愧又好奇,拦住客人请教,方才知道,原来,法国有一种矿泉水,因为水源位于火山爆发后的地层深处,所以含有天然的气泡。

法国商人先把水中的天然气泡抽出,同时对水进行净化处理,使其所含的各种矿物质达到最佳比例,最后,把储存的气泡打回处理过的水中。

如此大费周章的"天然"含气矿泉水非常畅销,很多人都把喝这种含气矿泉水当作享受。

客人还告诉他,这种矿泉水在日本的顶级商场才有出售,很难买到。

客人走了,森井却如醍醐灌顶一般呆立了许久。

他明白,自己终于找到了经营目标——开一家专门卖水的小店。

他极快地行动起来,用了半年的时间去四处学习和采样。经过精心的准备,他的"水吧"开张了。

整个小店布置得如同一个盛水的器皿,卖的都是各种精心调制过的水和来自世界各地的高档矿泉水。这些水都各有用途:含矿物质多的水对身体有好处;含氧的水则适宜老人和孕妇……他甚至调制出了一种能量水,是特意选在月圆之夜从地底抽出并立即装瓶的矿泉水,据说具有最高的能量,是专门为练气功的人准备的。

对他的水吧,人们先是惊愕,继而好奇,并很快接受了这一新鲜的消费观念,都把到水吧喝水并买些特制的水回去当成了时尚,他的生意因此异常红火。

寡淡无味的清水,在旁人看来,除了解渴外再普通不过了,但他却敏锐地发现了蕴藏在水里的机会,并将其开发出来,使之成为了自己人生的新起点。

生活是公平的。它在给我们玉米的时候,也给了别人蔬菜。只是有些人善于把握机会。抓住了时机,就抓住了人生新的起点;错过了机遇,就错过了播种的季节。

第十八章

提示

我对这土地爱得深沉

历史上,有爱国英雄,也有民族败类。为国捐躯的英雄们被后人世代传颂,他们的精神永垂千古,他们的生与死都重于泰山! 而那些民族败类,最终留下的只是千古骂名,他们的生与死,轻于鸿毛! 让我们记住那些为国捐躯的民族英雄吧,让他们的精神时刻激荡我们的内心,使我们时时刻刻都对祖国怀有一颗赤子之心。

不要看不起我的祖国

佚　名

徐悲鸿在法国留学的时候，有一个外国同学非常看不起他。

徐悲鸿不跟他吵闹也不跟他打架，只是义正词严地告诉他："不要瞧不起我的祖国，咱们可以比比看。从现在开始，我代表我的国家，你代表你的国家，等到毕业的时候，咱们再来看。"

从那以后，徐悲鸿不浪费一分一秒练习的时间，一股脑儿地扎进了绘画的海洋里。

毕业那年，徐悲鸿一鸣惊人，他的画震惊了整个巴黎美术界，当初小瞧了中国的那个学生，也对他竖起了大拇指。

从此，一位伟大的爱国画家——徐悲鸿，被大家深深地记住了。

爱国是对国家的一种责任心，是尽心尽力地付出和奉献。一个人可能生不逢时，但却可以时时处处尽到报国之心，可以随时将自己力所能及的事联系到对国家、民族的贡献上去，个人的价值只有和祖国的利益相联系方能最充分地显现出来。如果不顾及祖国的利益，即使个人发展得再辉煌，也不过是个空壳的种子。

我要回中国

佚　名

钱学森是我国著名的物理学家，也是世界著名的火箭专家。早年他留学美国，并参与了美国导弹核武器的研制开发工作，取得了非凡的成绩，但他一心牵挂大洋彼岸的祖国。

1949 年 10 月 1 日,新中国诞生的消息传到美国。钱学森夫妇喜极而泣:"祖国有希望了,我们离回去的日子不远了。"

美国海军部长听说钱学森要回国,恶狠狠地说:"他知道所有美国导弹工程的核心机密,一个钱学森抵得上五个海军陆战师,我宁可把这个家伙枪毙了,也不能放他回中国去!"

就这样,美国政府抄了钱学森的家,并且将他拘留。

不过,钱学森并没有被吓倒,他依然坚定地说:"我一定要回祖国去!"

有的人劝钱学森:"中国才刚步入正轨,无论在经济上还是技术上都很落后,你为什么不舒舒服服地待在美国呢?"

钱学森激动地说:"过去,我们日夜盼望祖国能早日解放,现在,这一时刻终于到来了,我怎能不回去?虽然中国现在很贫穷,但是我相信,在全国人民的共同努力下,中国一定会发展起来的。我是中国人,当然要回中国,为中国的建设出力,这是我的责任!"

1955 年 9 月 17 日,在周恩来总理的特别关照下,钱学森夫妇终于带着一双儿女踏上了归国的征途。

后来,经过钱学森的努力,中国导弹、原子弹的发展至少向前推进了20 年。

五千年的中华文明之所以能够源远流长,是因为中华儿女拥有至诚的爱国豪情。国家与赤子,似江河与水滴,离开江河,水滴无法存在;似大地与万物,没有大地,万物无法竞相勃发。唇亡则齿寒,户破则堂危。热爱国家,就是守护心灵的家园,就是把全身心献给祖国,义无反顾。

朱自清饿死不食救济粮

佚 名

朱自清是清华大学教授,著名的文学家。

抗日战争结束后,美国政府一方面支持蒋介石发动内战,一方面又利用签订条约的办法在中国获取了许多特权,还加紧武装战败国日本,对中国重新构成威胁。当时社会上物价飞涨,物品奇缺,很多人在饥饿和死亡线上挣扎。人民对美国和国民党政府十分不满,反抗的呼声越来越高。美国为了支持蒋介石,就运来一些面粉,说要"救济"中国人,好让中国人"感谢"美国,不反对它。

朱自清看透了美国的用心,认为美国的救济是对中国人的侮辱。他和一些学者一起,在一份宣言上庄重地签上了自己的名字。那份宣言表示:坚决拒绝美国的"援助",不领美国的面粉。当时,朱自清正患严重的胃病,身体非常瘦弱,体重还不到 40 公斤,经常呕吐,甚至整夜不能入睡。拒领救济粉意味着每月收入要减少五分之二,生活更加困难。可是为了维护中国的尊严,他坚决拒绝那些别有用心的"赏赐"。他在日记中写道:"坚信我的签名之举是正确的。因为反对美国武装日本的政策,要采取直接的行动,就不应逃避自己的责任。"

两个月后,朱自清因贫病交加,不幸去世。他宁肯挨饿而死,也不肯接受带侮辱性的"救济",表现了一个中国人应有的尊严。

朱自清临终前虽贫病交加,但以其浩然正气宁可饿死不领美国救济粮,表现出了伟大的爱国气节。他的这种行为渗透着中华民族的优良传统,是中华民族的精神所在。孟子提出的"富贵不能淫,贫贱不能移,威武不能屈",可以说是集中地体现了中华民族的气节。古往今来,多少仁人志士为维护祖国的荣誉和民族的尊严,在爱国和气节方面为后人做出了榜样。

把心脏埋在祖国

佚 名

波兰著名音乐家肖邦诞生之际,正是俄国极力向外扩张、侵吞波兰之时。少年时代的肖邦就有着强烈的爱国情结,他很小的时候就知道用琴声来宣泄他的情绪。

1830 年,法国爆发了革命,这极大地推动了欧洲各国的民族主义革命运动,波兰的爱国力量重新振奋了起来。华沙动荡不安的局势,使得肖邦的家人、老师和朋友都敦促他尽早出国深造。为此,肖邦一直处于激烈的思想斗争中:爱国心使他想留下;而事业心又使他想离去。他也预感到:一旦这次离开华沙,他将再也不能回到家乡了。离开波兰时,友人用银杯盛满了祖国的泥土,送与这年轻的流亡者一生相伴。

离开华沙不久后,肖邦在报纸上看到了华沙爆发了起义、波兰人民奋起反抗的消息,这让肖邦兴奋不已。肖邦急切地希望回国与波兰人民并肩作战,可是他的父亲和朋友劝阻他不要放弃自己的追求,还要求他通过音乐创作和演奏去为祖国争得荣誉。他的作家朋友维特维茨基在一封信中写道:"当祖国处于生死存亡之际,没有任何一个波兰人能保持平静。亲爱的朋友,你还记得吗?你远赴他乡不是为了消沉,而是为了在艺术中完善自己,成为你的家庭和国家的安慰与骄傲。"肖邦反复思考之后还是留了下来。在巴黎浓郁的艺术气氛中,肖邦在音乐上大为长进,心胸和头脑也变得更为开阔,终于成了世界级的音乐大师。

肖邦逝世后,他的遗体按照他的遗愿埋葬在了巴黎拉雪兹墓地,紧挨在他最敬爱的作曲家贝利尼的墓旁。那只从华沙带来的银杯中盛满的祖国的泥土,撒在了肖邦的棺木上,而他的心脏则被带回到他的祖国,埋葬在哺育他成长的祖国大地上,这个举动非常符合这位钢琴诗人的愿望,因为十九年如一日,他的心一直都与祖国在一起。

国家的荣辱兴亡,决定着个人的荣辱和发展。所以,个人的事业发展,必须建立在为民族、为国家利益奋斗的基础上,才能达到真正的顶峰。而同时,爱国的表现形式是多种多样的。一个人,如果在自己的事业中不断完善自己,当他的事业为民族、为国家赢得荣誉和骄傲的时候,他的爱国之心也就体现出来了。

我要面向祖国而死

佚 名

文天祥是我国南宋时期的文学家、政治家。

公元 1275 年,元军侵略南宋。元军在元朝统帅伯颜的率领下,离南宋的都城临安只有 30 里路。大军压境,南宋朝廷无计可施,决定求和。伯颜声明,只有南宋的丞相才有资格与他谈判。

这时,南宋朝廷的左右丞相都闻讯逃跑了,朝廷只好任命文天祥为右丞相,去和伯颜谈判。

文天祥见了伯颜后,义正词严地问:"贵国是要与我国交好呢,还是要灭掉我国?"

"我们不想灭掉宋国!"

"既然如此,请你们后撤百里,以表诚意。否则我们将以死相拼!"

伯颜感到文天祥像是向元朝下挑战书,就扣留了他,并让其随行人员回去传话说,如果南宋不投降,元军马上就发起进攻。

南宋朝廷在伯颜的威胁下,向元军投降。文天祥得知真相后,痛哭流涕,仰天长叹。

四年后,文天祥带兵到广东潮州抗元,全军覆没,文天祥被俘。

元世祖很钦佩文天祥的忠心,把他软禁在大都的"会同馆"里,每天派人去轮番劝降,但都被文天祥骂走了。

元世祖见劝降不成,就把他移送到兵马司衙门,戴上脚镣手铐囚禁起来。在狱中艰苦的环境下,文天祥写下了千古传诵的长诗《正气歌》。在被押解的过程中,又留下了千古名句:"人生自古谁无死,留取丹心照汗青。"

过了几年,元世祖决定亲自劝降文天祥。

文天祥见了元世祖,不肯下跪。元世祖和颜悦色地劝说道:"你的忠心,我非常佩服。如果你能改变主意,做元朝的臣子,我仍旧让你当丞相,怎么样?"

文天祥慷慨地说:"我是宋朝的宰相,怎么能再做元朝的臣子? 如果这样,我死了以后,哪还有脸去见地下的忠臣烈士?"

元世祖说:"你不愿做丞相,做个枢密使怎样?"

文天祥看了看元世祖,斩钉截铁地说:"我别无他求,只求一死!"

元世祖知道劝降已没有希望,就下令把文天祥处死。

刑场上,文天祥面色从容。他对监斩官说:"我的祖国在南方,我要面对南方而死!"说完,他整整衣冠,朝南方拜了几拜,又仰天长叹道:"我事已毕,心无悔矣!"

![阳光悟语]

爱国的人,胸中必有大义。因为有这样的大义,富贵不会扰乱他的心,贫贱不能改变他的志向,威武不能使他屈服变节,这样的人是真正的大丈夫。文天祥不慕高官厚禄,不贪图荣华富贵,宁死也不投降。他在狱中写的《正气歌》充满了视死如归的英雄气概,成为千古绝唱。